客户访谈成功的秘诀

王贵琦 编著

企业管理出版社
ENTERPRISE MANAGEMENT PUBLISHING HOUSE

图书在版编目（CIP）数据

客户访谈成功的秘诀/王贵琦编著. — 北京：企业管理出版社，2017.10
ISBN 978-7-5164-1590-0

Ⅰ.①客… Ⅱ.①王… Ⅲ.①销售管理
Ⅳ.①F713.3

中国版本图书馆CIP数据核字（2017）第241833号

书　　名：	客户访谈成功的秘诀
作　　者：	王贵琦
责任编辑：	聂无逸
书　　号：	978-7-5164-1590-0
出版发行：	企业管理出版社
地　　址：	北京市海淀区紫竹院南路17号　邮编：100048
网　　址：	http://www.emph.cn
电　　话：	发行部（010）68701816　编辑部（010）68701891
电子信箱：	niewuyi88@sina.com
印　　刷：	北京宝昌彩色印刷有限公司
经　　销：	新华书店
规　　格：	710毫米×1000毫米　16开本　13.5印张　166千字
版　　次：	2017年11月第1版　2017年11月第1次印刷
定　　价：	45.00元

版权所有　翻印必究·印装错误　负责调换

前言

世界著名的管理学大师彼得·德鲁克认为，企业的目标就在于创造并保留满意的消费者。虽然公司一定要赚钱，但德鲁克认为，赚钱是企业的一种必需，但不是目标。另外，企业只有满足了消费者的需要，赢得了消费者满意才能够赚到钱。对这一问题的认识是公司采用一种消费者文化——在这种文化中，公司将消费者满意作为公司使命的一个不可或缺的部分，并将对消费者行为的理解作为制订营销计划与营销决策的一种投入。

如今，客户变得越来越挑剔；他们更加珍惜时间；他们得到的信息越来越多；他们越来越强调个性。因此，客户的需求也变得越来越多样化而苛刻。企业需要将传统的推销观念转换成营销观念，才能赢得顾客，才能赚到钱，这个观念同样适用于客户访谈。如何说服消费者与公司合作，让消费者用钱来交换公司必须提供的产品，营销观念要求公司生产消费者所需要的产品。营销观念会使公司取得更大的成功，因为在营销观念指导下，公司生产的产品会更好地满足消费者的需要或需求，而消费者也想得到这些产品和服务。在营销观念中，公司不再将产品硬性地推销给消费者，而是扮演一个顾问的角色，帮助消费者发现能够最好地满足他们需要的产品和服务。这就是以消费者为中心的营销。访谈就是为了巩固和提高营销观念，来获得越来越多的客户。因此，在营销观念的指导下开展客户访谈，挖掘客户需求，是访谈人员需要提高的地方。

有一位教徒问神父："我可以在祈祷时抽烟吗？"结果遭到神父严厉的斥责。另一位教徒问神父："我可以在抽烟时祈祷吗？"结果得到神父痛快的允许，在教堂悠闲地抽起了烟。

这虽然是个小笑话，但是，对于客户访谈来说，却有很大的启示。人与人的交往，特别是访谈，是意识与意识的碰撞，是最直接的沟通方式，这个过程不是你影响客户，就是客户影响你。而如果能够成功地影响你的客户，改变客户的初衷，打动客户的心，就能够成就成功的访谈，达成业务。但是，现实往往是，虽然许多人都付出了努力，都渴望成功，为了心中的梦想付出了很多，但是得到的却很少。不能说他们不够努力，不够勤劳，但令人百思不得其解的是，为什么成功就是与他们失之交臂呢？

其中的道理很简单，在一次又一次的客户访谈当中，他们忽略了交流与沟通的重点，就像前面讲到的第一位教徒一样，他忘记了交流和沟通是消除误解和尴尬的良方。而在客户访谈的交流过程中，他们忽视了拜访客户时应该注意的关键细节。在与客户的访谈过程中，与客户进行互动和沟通，从而影响客户的决定，这是每一位业务员必须做的功课。但许多业务员在做此功课时，有的是一味喋喋不休地谈论产品，有的忙着推销自己，以自我为中心，却忘记了客户的需求和存在。最令人感到无奈的是，他们以为他们是在销售产品，实际上却是让客户感到无聊之极，毫无兴趣。如何避免客户访谈中的错误，如何正确把握客户的心理和需求，进而运用恰当而成功的方式打动你的客户，推销你的产品，是本书给你最大的收益。

当你翻开这本书，相信你不需要为自己忽略了哪些沟通细节而烦恼，而不必再为自己不善言谈而发愁，更不必担心你的客户会对你拒绝到底。因为你所需要的指导和需要提高的内容在本书中都可以找到。此外，书中深入浅出的案例，诙谐实用，针对性强，非常适合客户访谈能力的提高，愿本书伴你成就成功的客户访谈，为你的业绩更上一层楼而助力！

编　者

2017 年 7 年

目录

第一章 打开虚掩的门——开发客户的技巧

第一节 抓住机会的手——如何寻找目标客户 | 002
在哪里找到你的客户 | 002
如何识别你的客户 | 004

第二节 擦亮你的眼睛——如何正确管理客户 | 007
猎人的目光——锁定目标客户 | 007
谁是潜在客户 | 012
众里寻她千百度——牢牢把握品牌客户 | 018
你的潘多拉魔法盒——客户资料库 | 020

第三节 第一次拜访就成功 | 023
开场白——精彩胜出的关键 | 023
消除客户疑虑——真心赢得信任 | 027
给客户把脉——找到买点 | 030

第二章 完美访谈的前奏——如何进行访谈前的各项准备

第一节 访谈前必不可少的"功课" | 034
如何制订有效的访谈计划 | 034
充分了解客户 | 037
问自己：客户为什么要买我们的产品 | 039
协同合作——向客户销售利益 | 042

第二节 成功访谈必备要素 | 045
如何制订不同的访谈计划 | 045
访谈时间的黄金分割法 | 050
如何成为提问大师 | 054
如何抓住每条线索 | 057

第三节 如何进行谈判——克服访谈的拦路虎 | 058
谈判的基本原则 | 058
成功谈判者的特质 | 060
谈判前的准备工作 | 064
谈判技巧的开发 | 067

第三章 迈出成功的第一步——如何获得客户的信任

第一节 信任从沟通开始 | 072
如何进行充分沟通 | 072
主动挖掘客户的需求 | 077
客户沟通的特殊技巧 | 078
客户沟通的特点与注意事项 | 080
客户沟通的重点——如何发现客户的兴趣点 | 084

第二节　如何处理客户的异议 | 087

正确认识客户异议 | 087

换位思考——明确异议的产生根源 | 089

处理客户异议的几点基本原则 | 090

主动请客户来批评你——化解客户异议的方法 | 093

第三节　如何迅速获得访谈对象的合作 | 097

如何适时地给客户惊喜 | 097

给予客户肯定的反馈的重要性 | 101

如何把握访谈的主动权 | 103

第四章　促成访谈交易成功的其他因素

第一节　让步的策略 | 108

对客户做出让步的原则 | 108

明确让步的最终目标 | 110

让步的艺术——如何让客户知道你在为他着想 | 112

如何避免客户的过分要求 | 114

如何对客户说不 | 117

第二节　成功成交的几点创意 | 119

切记：不要凌驾于客户之上 | 119

对客户反馈进行最完美的回应 | 121

你的品牌——塑造你独特的访谈风格 | 123

激发客户好奇心——由你做主 | 125

倾听——引导客户说出需求 | 127

第三节　双赢的快乐——达成协议 | 129

如何捕捉成交的信号 | 129

如何主动而自然地提出交易 | 131

服务——永远拥有你的大客户 | 136

选择有效沟通机制——进一步加深与客户的感情 | 137

第四节　不可不看——访谈的陷阱 | 140

你的访谈错在哪里 | 140

磁性服务 | 141

第五章　电话访谈的技巧与策略

第一节　电话访谈前的必要准备 | 146

高效接听电话训练 | 146

客户资料齐备 | 148

预备产品与服务资料 | 150

电话沟通礼仪 | 152

第二节　如何拨打陌生电话 | 155

如何开始精彩的开场白 | 155

电话中的提问技巧 | 157

如何越过接线人，找到决策人 | 160

利用电话实现顺利约访 | 162

第三节　如何与老客户进行深入沟通 | 167

整理与保存客户资料 | 167

如何与客户保持长期关系 | 170

第四节　如何应对电话拒绝 | 173
正确认识客户的拒绝 | 173
如何灵活应对客户的托词 | 174
打错电话如何化解尴尬 | 177

第六章　面谈——如何轻松成交

第一节　面谈人员的必备素质 | 182
访谈人员应具备的心理素质 | 182
仪表、礼节如何做到得体、合适 | 183
掌握准确的说话姿态 | 186

第二节　如何顺利接近客户 | 189
如何吸引客户的注意 | 189
如何高效地介绍你的意图 | 193
如何迅速把握客户的关注点 | 195

第三节　成功面谈常用的技巧 | 198
倾听的技巧 | 198
如何恰当地使用形体语言 | 200

第一章

打开虚掩的门——开发客户的技巧

第一节

抓住机会的手——如何寻找目标客户

在访谈人员开始着手工作的时候，往往碰到第一个难题：我的客户在哪里？找不到自己的客户，无异于在茫茫的大海中航行却没有带上指南针，无论怎样努力，都无法到达胜利的彼岸。成功的客户访谈离不开三大因素——用合适的方式给合适的客户销售合适的产品；合适的客户就是成功访谈的重要前提；开发你的客户也是访谈成功的必要修炼和先修课程之一。

在哪里找到你的客户

"生活中不是缺少商机，而是缺少发现商机的眼睛。"

这句名言用在发掘客户中最恰当不过。生活中的每一个角落都蕴藏着商机，有时候它看似不起眼，但只要你能够放大它的亮点，深挖下去，也可以聚集起很大的财富。你要知道，在这个世界上，财富只是个常量，而只有挖掘财富之门的智慧才是真正的变量，主动地出击，用你敏锐的洞察力和思维积极寻找你的客户，你就找到了令你"点石成金"的点金术！

时下，经常会听到商界人士尤其是从事营销的人们抱怨网络发展太快，市场竞争太激烈，生意难做，市场的蛋糕越来越少，竞争的人越来越多，客户越来越少！其实不然，随着经济的快速发展，人们的消费需求日趋多样化、时尚化，应该说商机更多了。所以，不是没有客户，而是缺少发现客户的眼睛！新的生活方式带来的是新的商机，在这个时代能够崛起的人，就是那些热爱生活，能把生活中的创意和情感转化成产品的人。心有多大，舞台就有多大，机会只会降临给那些有心人。

做个有心人，积极地面对生活，积极思考，处处留心，尽可能发掘多种渠道去寻找和开发你的客户是不变的要求。发现客户的方式是多种多样的，让你接触客户的渠道更是丰富。请记住：客户就在身边，商机就在眼前！

有些人在寻找商机时，往往只注重远处的而忽视身边的商机，可以说是舍近求远。俗话说得好，远在天边，近在眼前。其实许多商机就在我们的身边，就在我们的日常生活之中。

相信很多人都有吃感冒药后打瞌睡的经历吧。但大部分人都将这当成正常现象而忽略了。有的人怕瞌睡影响工作，解决办法就是干脆白天不吃药，硬撑到晚上。而江苏启东盖天力制药股份有限公司就是从这一日常生活中发现了商机，在国内第一次采用了日夜分开的给药方法。白天服用的片剂能迅速解除一切感冒症状，解决了以前感冒药不能解决的嗜睡；夜晚服用的片剂抗过敏作用更强，服后晚上睡得更香。有一句广告词："消除感冒，黑白分明"，便是对这一创意的高度概括，难怪该产品投放市场半年内销售额高达1.6亿元，在全国市场的占有率为15%。

如果你是在为自己无法开拓更大的客户市场而发愁，请相信，市场的容量和潜力是巨大的，你缺少的是发现客户的有效途径。为了寻找更多的客户，你需要——创造需求。

有需求才会有市场，这几乎是所有营销人的共识。但在某个特定的市场阶段，许多产品的市场需求并非都是与生俱来的，比如，手机之于原始社会。在那个蛮荒的年代，没有钱来享受消费，没有知识来学会和懂得消费，手机又怎么可能有市场。也就是说市场的需求，是在社会及科学技术的进步，消费知识及消费水平的逐渐积累过程中，才得以对应呈现其精彩的。只是，在这个过程中，许多走在了对手前面半步、一步乃至几步的产品及企业，是不能去坐等市场需求的成熟的。因为，去等即意味着自己靠创新去获得没有几个对手能参与瓜分的利润的落空，自己赢得市场的领先机会的丧失。况且，对许多中小企业或新创企业而言，走在对手前面的创新也极可能意味着所有的钱、所有的希望都砸了进去，等就意味着等死。

学会主动出击，创造市场需求，因为只有这样才可能赢得自己生存、发展和壮大的机会！记住，机会只留给有准备的人。

如何识别你的客户

客户是分层次的，这一点是许多企业奉行的黄金原则。分层次的客户需要你去识别和辨认，不同的客户给企业带来的效益不同，因此，客户关系管理的重要性日益凸显。识别客户往往是客户管理的基础，识别谁是你的真正客户、谁不是，识别客户属于哪个层次、哪种类型。客户识别是访谈工作的基础和前提，访谈必须建立在针对具体客户的基础上，不对客户进行识别，就不能很好地进行下一步的访谈，有的放矢——只有针对具体的客户进行的访谈才是有效果的。

客户识别的前提是对客户情况有充分的了解，在对客户进行充分的市场调查的基础上，基于数据分析首先区别哪些是你的客户，哪些不是。也许数据库搜索是一个不错的方法，因为里面含有很多企业以往的客户资料。那些资深的、拥有大量客户的访谈人员和销售人员他们常常强调，自己的工作之所以能够顺利进行，有很大一部分原因是依赖于客户的资料库。为什么？因为他们懂得对这些资料进行总结和思考，从中不断地发现新的客户机会，并及时把客户进行合适的分类处理，以便于制订相适宜的管理策略，包括访谈计划的制订。

识别了企业的客户之后，要做的第二件事情就是将客户进行分类。哪些是大客户、哪些是小客户；哪些是潜在客户、哪些是现实客户；哪些是目标客户、哪些是间接客户。大客户的确定是比较关键的工作，因为大客户为企业带来的价值相比其他的客户更多、更大。客户访谈当中大客户也是访谈的重点对象。因此，客户的识别与客户访谈是紧密联系的。

对于大客户的确定，有些变量需要考虑。第一个变量是客户当前的和未来的价值（利润贡献度），对客户进行分层分级。根据利润贡献度的高低将客户分成四个阶层，形成了"客户金字塔模型"。

该模型的四层分别是：

1. 钻石阶层——钻石聚集着那些利润贡献最高的客户，他们也许是产品的重度用户，也许是小批量消费者，他们对价格并不十分敏感，愿意花钱购买，愿意试用新产品，对企业比较忠诚。

2. 黄金阶层——这个阶层的客户希望得到更多的价格折扣和更多的优惠条款，他们往往与多家企业而不是独家企业做生意，以降低风险。因此没有钻石阶层那么忠诚。

3. 黄铜阶层——该阶层的客户，能够消化企业的产能，为企业带来规模经济或"人气"，但他们的消费水平、忠诚度、利润贡献决定了他们值不值得企业为他们提供特殊服务。

4. 重铅阶层——重铅阶层的客户不能给企业带来赢利。他们的要求很多，超过了他们的消费支出水平和利润贡献对应的要求，有时他们是问题客户，消耗了企业的大量资源。

从层次上分，可以把客户分成 3 个层次：操作层，就是指直接使用这些设备或者直接接触服务的客户；管理层，他们可能不一定直接使用这些设备，但是他们负责管理这个部门；决策层，在采购过程中，他们参与的时间很短，但是每次他们参与的时候，就是来做决定的。

从职能上分，可以把客户分成 3 个类别：使用部门，使用这些设备和服务的人；技术部门，负责维护或者负责选型的人；财务部门，负责审批资金的人。因为同样的产品，每个人或部门的角度不同，对它的判断也不同。比如，报社想买电脑，记者希望手感好，编辑希望安静，技术部门关心的是故障率，财务部门肯定关心产品的性能价格比，等等。每个客户关心的内容都不一样，所以在做产品介绍的时候，就要有针对性的介绍。另一方面，大客户是在不断动态调整的，需要辩证分析、动态跟踪，培育和关注成长性，从战略角度考虑，如能够专营、能够树立形象，能够打击竞争对手等。

对于客户分类的角度和思维方法有很多，需要根据访谈的实际需要来确定分类采取的标准。比如，若访谈是针对提高销售目标而进行的，那么就需要从客户的利润贡献度即客户的价值来对客户进行分类；若访谈的目标是为了改进服务和产品的质量，那么，分类可以参照客户职能角度。

对企业来说，公司选择大客户的标准通常有以下几个：客户的采购数量(特别是对公司的高利产品的采购数量)；采购的集中性；对服务水准的要求；客户对价格的敏感度；客户是否希望与公司建立长期伙伴关系，等等。大客户识别的前提就是要对企业所有的客户进行细分，即按照一定的标准将其分为若干等级，从而针对不同的客户采取差别对待的管理策略。对客户细分的标准有很多，选择大客户，既有定量的标准，又有定性的标准，如按客户对企业的贡献、客户的发展潜力或客户与企业的关系，等等。这些标准也可以在访谈前期的客户识别中采用。

这里需要注意的一个问题是，对不同的客户类别划分一定要准确，不管它是综合客户、专业客户、协作客户还是潜在客户都要界定清晰。有的客户可能同时具备两个方面的特征，但在制订访谈策略之前以及客户划分的时候，不能模棱两可，这对于有效地进行访谈没有任何好处。收集完善客户基础资料，摸清客户单位所处的行业、规模等情况，摸清客户内部的报告线、决策线，甚至关键人物的个人资料，包括性格、兴趣、爱好、家庭、学历、年龄、能力、经历背景、同本企业交往的态度等。基础资料不全、不准确不仅会给客户服务工作增加困难，而且会丧失许多营销机会。

第二节

擦亮你的眼睛——如何正确管理客户

猎人的目光——锁定目标客户

客户管理的第一步，是选定自己的客户。特别是像猎人寻找猎物一样，锁定你的目标客户。如何锁定目标客户？目标客户在哪里？这是你在行动之前要解决好的问题。

你可以通过以下渠道和方法收集目标客户的信息。

1. 通过广告反馈收集目标客户信息。企业在广告推广之后往往对广告的效果进行客户调查，在调查的原始数据当中你能找到哪些客户对广告推出的新产品比较感兴趣，这些客户都有可能是你的目标客户。

2. 通过行业数据库收集目标客户信息。行业数据库的优势在于海量的数据可提供利用，关键看你如何利用这些数据。有很多数据项目看起来是凌乱的、毫无头绪的，数据库并不为你揭示数据之间隐藏的关系，你需要做的也正是从这些毫无任何关联的数据中找到其深层的联系，找到某类客户的行为特征，从而为锁定目标客户打下基础。

3. 通过竞争对手发现目标客户。你的竞争对手的客户也就是你的客户。竞争对手想要开发的下一类客户也应该是你争夺的目标市场。因此，关注竞争对手的动向，并尽量采用公平合法的手段从竞争对手那里获取客户的信息，是有价值的工作。

4. 通过电话黄页、各种公开发行的出版物等公共资料收集目标客户信息。客户的信息并不是集中在一起的，而是需要你去整理和发现，并进行整合的，因此这些公开发行的出版物是非常值得利用的资料。

5. 通过互联网收集目标客户信息。在利用互联网的过程中，一定要注意信息的来源及其真实性问题。因为互联网的虚假信息日益膨胀，并不能总是给资料搜集工作带来更快更好的效果。

6. 通过亲戚、朋友、同事收集目标客户信息。这种做法之前曾经非常广泛地应用于保险行业。保险代理人和业务人员非常倾向于利用这个方法来拓展自己的客户，因为更为直接和可靠。

7. 寻找信息出售者，通过信息出售者收集目标客户信息。目前，市场上较为知名的、数量也越来越多的信息出售者是咨询公司。咨询公司通过出卖产品分析报告等形式为客户提供信息服务。

信息收集完毕之后，需要进行处理才能用于参考。经过处理的信息是条理性强、易于用来判断分析的。信息的处理过程和内容可以参考下面的做法：对收集来的目标客户信息，要进行记录、分类、归档保存和管理。对所收集的每条信息，均须有一次以上的电话回访和发函，被放弃名单应书面载明放弃理由。此项工作应有专人负责，对每一次去电、去函、拜访、来电、来函、来访均要建立详细记录。在第二项工作基础上，分别建立重点目标客户名单、第二梯次目标客户名单、第三梯次目标客户名单，根据目标客户所处名单位置不同，施以不同的工作量，确保成功率。

时下最常见也是应用最为广泛的有七种方法：扫荡拜访法、连锁介绍法、资料查询法、实地调查法、竞争抢夺法、宣传造势法和随时随地法。在实际的应用过程中，寻找目标客户的方法有很多。下文将会重点介绍几种常用方法。应该说，有多少销售人员，就有多少种寻找目标客户的方法。没有任何一种方法能够普遍适用，也没有任何一种方法可以确保你一定成功。作为销售人员，需要不断地总结经验教训，需要综合考虑自己的主、客观情况，才能找到一套适合自己的方法，根据自己的需要对各种方法进行取舍与合并。

一、扫荡拜访法

扫荡拜访法是指销售人员在特定的区域或行业内，用上门访问的形式，对估计可能成为客户的单位、组织、家庭、个人逐一地进行访问，并确定销售对象的方法。

某家大型保险公司有一位优秀的直销员陈某某，十几年来一直坚持用扫荡拜访的方法开发客户。他给自己定了一条规矩：每天除了既定的任务外，必须完成对 10 位陌生人的拜访。

有一次，当陈某某拜访完第 9 位客户时，已经是晚上 10 点多了。他正在思考最后一个锁定的目标会是谁，一辆公交车停在了他面前。他忽然灵机一动，上了公交车，与售票员热烈地攀谈起来。当公交车到达终点站时，他给售票员留下了一张名片。就是用这种最古老的方法，坚持每天 10 位的原则，陈某某取得了不凡的成绩。

扫荡拜访法有点类似于撒开了大网捞鱼，不知道是否有收获，不知道目标在哪里，只是遵循"平均法则"原理，即认为在被寻访的所有对象中，必定有销售人员所要寻找的目标客户，而且他们分布均匀，其数量与访问对象的数量成正比。扫荡拜访法的最大特点是可以使销售人员在寻访客户的同时，了解客户、了解市场、了解社会。该法主要适合于日用消费品或保险等服务的销售。但该法费时、费力，带有较大的盲目性，更为严峻的是，随着经济的发展，人们对个人隐私越来越重视，使扫荡拜访法的实施面临着越来越大的困难。

二、连锁介绍法

连锁介绍法是指销售人员通过现有客户向其介绍有可能购买产品或服务的其他客户的方法。连锁介绍法适合于特定用途的产品或服务的销售，比如专业性强的医疗保健品、保险行业等常常采用这种方法。

先来看一个应用实例：唐某某是一名药品推销员，2000 年公司派她到一个陌生的城市开拓市场。她从未到过该市，人生地不熟。但正如美国推销界的一句名言所说："把一个专业推销员中午空运到一个人生地不熟的地方,下午你就会发现他已开始推销工作了。"唐某某就是这样的专业推销员。唐某某了解到该市某医院有一位德高望重的张医生,和各大医院的关系很好。于是,她决定优先拜访这位张医生,并想利用张医生的权威帮助自己做连锁介绍。

唐某某经过一番努力,终于打动了张医生,两人成了忘年交。一次,趁张医生高兴之余,唐某某说:"您老是本市第一把刀,声望很高,朋友很多,尤其是和各医院医生的关系更是亲密。我初到此地,人地生疏,希望能得到您老的照顾。今天,我想请您老向××医院的王医生引荐一下,不知如何?"张医生见唐某某言辞恳切,于是欣然同意。张医生带着唐某某拜访了王医生。果然不出所料,王医生见是张医生介绍来的,"不看僧面看佛面",就答应先试用一批产品。事后,唐某某又前往拜访王医生:"由于您的帮助,我才推销成功,我由衷地感谢您。"以这件事为契机,唐某某和王医生的关系也越来越亲密。由于成功地采取这种连锁介绍攻势,唐某某开发的客户越来越多,销售业绩也越来越好,于是迅速地挤进了该市市场。

连锁介绍法最关键的是找对合适的介绍人。同时需要一定的勇气和人际交往能力,需要懂得如何向他人寻求帮助,并懂得在适当的时候向你的介绍人表示感谢。这些人很可能都会成为你难得的人脉资源。

三、资料查询法

资料查询法是指借助查询各种资料(如统计资料、名录资料、报刊资料等)来寻找目标客户的方法。使用资料查询法需要注意以下两个问题:一是资料来源的可靠性;二是资料内容的时效性。

1. 目标客户资料的来源:资料的种类丰富多样,获得目标客户资料的途径有很多,总体来说,有以下几种途径可以获得丰富而全面的客户资料:

查询企业内部资料;参加行业展会、聚会;利用互联网;查询企业外部资料(如企业名录、电话簿等);求助于专业的市场调查机构;通过报纸、杂志、电视等媒体;查阅同事、同行的资料;查阅相邻、相近、相关行业的资料。

2. 采用资料查询法的注意事项。

首先，资料查询不能临时抱佛脚，临时的搜索质量并不高，盲目地乱抓一气，是没有任何效果的。因此平时要注意收集有关信息。其次，对于销售人员来说，最重要的就是要建立获取信息的渠道和掌握收集信息的方法。最后，收集信息不是一朝一夕的事，因此，平时就要养成收集信息的习惯，建立有效地收集信息的渠道。

社会活动是了解客户信息的直接途径。多参加各种社会活动如参加本行业的展览会、研讨会和各种形式的聚会是必不可少的。有时一些相关行业的参会、聚会也会为你提供大量的潜在客户的资料。

留意媒体信息并加以记录。养成读书、看报的习惯，密切关注电视相关节目的信息，有效地利用互联网，这都会增加你寻找到目标客户的概率。

四、实地调查法

实地调查法是指销售人员有目的、有意识地运用一定的观察工具，对正在发生的对象进行实地询问、观察、收集、整理及分析第一手资料的方式来寻找目标客户的方法。使用此法需要注意费用及时间问题。

使用实地调查法的优点是所得到的情报最真实准确，而且针对性和时效性强；缺点是受销售人员主观能力与市场客观环境的限制，实地调研的费用高、范围窄、耗时长、阻力多，所以销售人员在采用这种方法收集信息时应分析成本与利益的关系，而且要认真规划，尽量与其他方法相结合。实地调查法往往没有任何最为正确的标准，而是需要调查者观察、总结、判断。常用的实地调研方式主要有询问调查法和观察调查法。

询问调查法是指调查者直接向被调查人提出问题，并以所得到的答复为调查结果。这是最常见和最广泛采用的一种方法。询问调查法可深入了解被调查者的动机、态度，调查内容广泛。询问调查的不足在于，它容易掺杂人为因素，从而干扰信息的客观性，如被调查者对问题了解的偏差或情绪的变化都会影响调查的质量。这里所说的被调查者不一定就是你的目标客户，而是为了寻找你的目标客户你需要进行实地调查和询问的对象，从他们那里你能够获得关于接近目标客户的方法以及目标客户的信息。

观察调查法是指通过观察有关对象的人群、行为方式和具体场景来收集第一手资料。该法可以获得人们不情愿或无法提供的信息。观察法可以客观地记录事实的情况，具有较高的准确性，最适用于探测性调查。该类调查可用于观察目标客户的行为特点，通过观察来发现目标客户的行为方式和特性，为制订后面的访谈计划做好资料搜集和背景信息分析工作。

谁是潜在客户

你注意到谁是你的潜在客户了吗？你是否能够正确认识到潜在客户的重要性？潜在的客户很有可能成为你将来的现实客户，这是进行潜在客户管理的重要意义所在。而针对潜在客户开展访谈，也正是为了将潜在客户转化为可能的现实客户。因此，明确哪些是潜在客户是有必要的。实践证明，连锁介绍法是一种比较有效的寻找潜在客户的方法，它不仅可以大大地避免寻找工作的盲目性，而且有助于销售人员赢得新客户的信任。寻找潜在客户的原则和方法有以下几种：

首先，销售人员应该取信于现有客户。现有的客户往往是你挖掘潜在客户的途径之一。从你的现有客户出发，去考虑哪些人可能具备成为潜在客户的特性，这里需要特别强调的是，潜在客户的最大特征是有接受你的产品或服务的可能。其次，对现有客户介绍的客户，销售人员应该对其进行详细的评估和必要的营销准备，销售人员要尽可能地从现有客户处了解新客户的情况。最后，在销售人员访问过新客户后，应及时向现有客户介绍与汇报情况，这一方面是对现有客户的介绍表示感谢，另一方面也可以继续争取现有客户的支持。

据专业的市场调研公司所提供的数据：在从事第一年销售的人员中，

80%的失败是来自于对潜在客户的搜索工作不到位。原因何在？为什么找不到潜在客户？

找不到潜在的合适客户的，使得在这个客户身上所投入的时间和精力被浪费；缺乏对合格客户的标准评估，使得识别潜在客户产生偏差而造成无法准确定位；客户搜寻调查的重要性。搜寻潜在客户是销售的第一步，在很大程度上，这决定着我们今后的目标与方向。

在销售工作的第一阶段，我们如果错误地选择了方向，我们将不得不面对失败，这是搜寻潜在客户重要性的原因所在。

事实上，对于管理问题方向是第一个问题，方法是第二个问题，正是所谓："先做正确的事，再正确的做事"。在工业品销售中，我们所要提到的关于潜在客户的搜索不是指仅仅获得客户清单和联系方式、地址这些简单的基本客户信息，更多的意义是指搜索到一个合格的潜在客户；谁是我们的潜在客户？是需要回答的第一个问题。确定这个问题往往需要身兼市场与销售两个角色的人来回答，关键是方向的选择：

1. 关于行业的选择，在哪个行业出现了产品最大的需求，或者，我们的产品与服务本身就是为了哪些行业而设计制造的。这些行业拥有较大的需求量和产品接受能力及购买能力。例如，高端的仪表管阀件产品对于特种气体、半导体行业就是需求的，在中央空调行业存在着对制冷压缩机的大量需求，在电梯行业也有对变频器的大量需求。

2. 产品的定位如何？是低端、中端、高端市场，哪种性质和规模的企业具有这样的需求能力？

3. 什么是最能发挥我们产品与服务价值的客户？即，谁是最好的客户？

回答这些问题，对于销售人员来说将能够很好地明确自己的进攻方向。举个例子，假如我们所从事的是工业控制器产品，我们定位于印刷机械、注塑机械行业的高端客户市场，那些具有较多的模拟量处理需求、复杂的算法要求、高速实时网络响应的产业机械设备用户就是我们的目标客户，我们的市场方向的选择、客户目标的定位是基于此来设计的。

一个合格的客户应该具备哪些基本的要素（What is that?）这是要回答的第二个问题。MAN方法能够帮助你确定哪些人是合格的客户，然后你所要做的仅仅就是把你的访谈定位在那些真正MAN上即可。那么，何为MAN？它包含的三个要素是：Money，客户是要具有购买能力的；Authority，购买决定权；Need，要具有需求的。销售人员要不断校准自己的方向，以这三点来衡量这个客户是否是我们的合格客户？是否需要去介入？

如何寻找合格的潜在客户（How to do?）是第三个问题。回答好了这个问题对于后面开展访谈具有非常重要的作用。因为这个过程涉及方法的运用、正确的判断等内容，寻找合格的潜在客户是一种事半功倍的途径，也是开展成功访谈的第一步，下面简要地介绍几种常用的方法。虽然有一些其他方法，但我们所要介绍的是常用而有效的方法。这些方法没有唯一的实施途径，而仅仅是给你提供了可供参考的做法，因为方法是需要变化的，需要根据具体的情境来选择和改变适当的细节。

方法1：引路人——你需要一个行业的引路人

他可能是在行业里具有一定的影响力的声誉良好的中心人士；具有对行业里的技术和市场深刻认识的专业人士。在要进入某个行业的时候，由于缺乏对这个行业的了解，你需要一个引路人。

笔者在印刷机械行业里就存在一个朋友，他对丁行业有很深的认识，对行业里的厂商、公司的老板、哪些是适合我们产品的厂商都能够做出客观的评价，因此这使得我的目标变得非常明确，他甚至告诉我这些公司的老板，那些和他关系良好的朋友，我打电话去的时候就可以以他介绍的名义来进行。

方法2：展览会——接触潜在客户的好方式

参观展览会。展览会是广泛获得潜在客户的极好办法。有一天，我的一个朋友问我怎么才能获得在印刷机械行业的潜在客户？我告诉他："今年5月份在北京将会有一个国际印刷机械展，你将在那里遇到中国乃至世界上最著名的印刷机械制造商，几乎所有排得上号的厂商都会参加，你看，只需要去看一个展览会，你就会得到这个行业的几乎最有价值的那部分潜在客户"。经常去参观某个行业的展览会，你甚至会发现每次你都看到那些客户端的人员，大家都可以像老朋友一样问候："嘿嘿，又看见你们了。"这对后期介入客户是非常有利的。

参观展览会要注意做到以下几点：

1. 往往在客户的现场你可以看到他们的产品，能够仔细研究客户的产品并能够寻找出自己产品与客户产品的适配性，也能了解到他们目前的应用是哪个竞争厂商的产品，是否可以由你们的产品来替代？

2. 拿到该客户端相关人员的名片；

3. 在尽可能的情况下与这些潜在客户的销售人员或现场技术人员交流，明确谁在负责跟你的产品应用相关的领域；

4. 在展览会结束后，尽快取得联系，免得记忆失效而增加后期接触难度；

5. 将客户的产品资料拿回来仔细分析，寻找机会。第二种情况是自己的公司参加展览会，这需要很好的设计和规划一下，目前的展览会实在是太多了，挑选规模比较大的、影响力比较大的、可以是行业里的也可以是客户行业里的展览会来参加。

参加展览会往往会让销售人员在短时间内接触到大量的潜在客户，而且可以获得相关的关键信息，对于重点意向的客户也可以作重点说明，约好拜访时间。

递交名片的时候可以在背面写上一些说明。例如，客户只知道你们是做变频器，而不知道你们是做电梯专用变频器，你可以写上：电梯专用变频器给电梯行业的客户，或者写上一些提示性的让客户对它更关注。

对于重点的客户要做一个记录，比如，今天我和他谈了些什么？他提到了什么？今天我和这个潜在客户的人员是否答应了寄资料和预约拜访，以便提醒自己也是为了今后打电话的时候可以作一个提示，因为展览会上的人实在是太多了，如果没有这些记录，你就等于不认识他们。

关于产品的介绍要简洁明了，并迅速提问来判断对方是否具备潜在客户的条件和是否感兴趣，在展览会之前要设计好客户存在的问题和应答策略。

销售人员应该在每年的年末将未来一年相关行业的展览会进行罗列，通过互联网、展览公司的朋友都可以做到这些，然后贴在工作间的醒目处并在日程表上进行标注，届时提醒自己要抽时间去参观一下。

方法3：非竞争销售人员——带给你其他的信息

非竞争的销售人员是指那些同样从事销售职业、但是却并不在产品上和你发生冲突的同行。例如，为电梯提供门机系统和提供变频器的销售，印刷机械提供控制系统的销售和提供气缸，为中央空调提供制冷压缩机和铜管的销售都是非竞争销售，但是却拥有同样的客户方向。有很多时候，在网络上有一些会员俱乐部，有关于主题的活动，这里都是一个良好的空间与环境。但是请注意：构成一个圈子的时候不要太过于急功近利，这样会对自己造成很多被动，要逐渐建立信任，再去讨论关于资源共享的问题。另外，你需要遵循圈子里的游戏规则，不要打着介绍人的旗号，因为你的行为将会影响你朋友的声誉。而这将影响你是否能够获得信任赢得长期的资源共享的可能。

通过朋友、亲属这些人员也可以为你获得更多的关于潜在客户的信息，你完全可以从他们所从事的行业和平时接触的人来尝试获得帮助。在国外往往会有一种销售线索俱乐部的概念，他们会通过这种不同行业的销售共同来形成一个非正式的组织来提供相互共享的信息，这也是一个可以去尝试的方法。

方法4：客户推荐——客户的客户是你的客户

你以前从事销售工作时积累老客户。如果你从事的目前的产品与以前供职的公司有较大的差异的话，不形成直接的竞争，你就可以应用这些资源。现有的满意度较高的客户也将是一个良好的潜在客户源。

行业的圈子实际上是一个很小的圈子，当我走访中央空调行业的时候，我发现那里的工程师对于对手公司的工程师非常熟悉，甚至熟悉到不可思议的地步，而且具有良好的关系。你会发现在一个行业里的销售人员、技术人员、售后服务人员往往有良好的私人关系，因为可能会是以前的同事，或者经常接触而形成的朋友。竞争者往往会是朋友，因为他们非常容易有共同语言。他们了解行业里的哪些对手可能存在对我们产品的应用需求。他们具有很强的专业判断能力，如果他们告诉你的，那往往就是一个合格的潜在客户。

让客户来为你介绍的话，要注意以下几点：

1. 要让推荐人明白，你将得体地处理这件事情，比如你要向推荐人说明你将在他推荐的人那里如何行动，而且你也会在与客户联系后向他简单汇报一下。

2. 要向推荐人确认是否告知对方姓名，并在约见后向推荐人表示感谢。

3. 要知道，推荐人事实上为你提供着信誉的担保，你不能辜负了这片好意，否则连这个客户也会失去。

注意：得体的说明和处理会让你赢得一个很好的行业口碑。你就会因为成为圈里人而得到他们的认可，并给予充分的关注。

方法 5：互联网搜索

借助目前飞速发展的互联网，强大的搜索引擎，移动互联催生的微信，以及即时互动企业公众号，可以获得相关潜在客户的基本了解。我们可以获得以下信息：

1. 客户的基本联系方式，不过你往往不知道哪个部门的谁在负责，这需要电话销售配合；

2. 客户的公司简介，这让你了解他目前的规模和实力；

3. 客户的公司的产品，这个你要关注，了解技术参数、应用的技术等；

4. 网络上还有一些行业的专业网站会提供该行业的企业名录，一般会按照区域进行划分，也会提供一些比较详细的信息。

通过网络的方式来搜索主要是选择比较合适的关键字。对于做不同产品的销售来说，可以借助不同的搜索关键字组合来获得比较精确的定位信息，多种关键字的组合会达到意想不到的效果，要选择多种跟产品相关的关键字来进行这项工作。自己公司的网站也可以与互联网搜索引擎服务商合作，提供能够按照客户习惯搜索的关键字，使得自己的公司能够比较容易地出现在搜索结果的前列，这样会有一些正在寻找你们的客户能比较容易地找到你们。

方法6：专业渠道——巧妙利用更有帮助

你可以参考的专业渠道其实很普通，就在你的身边，只是你没有去发现他们而已。专业的行业期刊、网站；专业的市场调研公司所提供的关于行业的分析报告与客户名录（这往往会需要花费一笔费用，需要公司来支付）；行业协会主持的业内的技术研讨会、产业发展研讨会等，都是不错的方式。

方法7：销售电话——行之有效的工具

销售电话是一种销售人员的工具，与专业通过电话来销售产品的电话营销公司是不同的，但是，彼此之间也是可以互相借鉴的。销售电话作为一种潜在客户搜索也可以成为一种介入方式，当然，我们并不建议采在未接触客户的阶段用这种方法，而是当我们外围的调查工作做完后，它可以作为一个预约的方式。关于电话销售的问题，我们将在后续部分来进行专门的讲解，因为，这是一个最普通但也是一个必须得到充分重视的方法。

总之，你的信息量越大，将会对你的工作帮助越大。潜在客户的搜索不仅仅是找出这个公司，而且是围绕这个公司所展开的一系列背景调查。

平日要拓宽自己的社会交往面，以便为自己建立一个广泛的信息渠道，不断地去分析自己的方法来改善它。正所谓磨刀不误砍柴工，平时一点一滴的积累总会给你带来意想不到的收获。

众里寻她千百度——牢牢把握品牌客户

品牌客户就是忠诚的客户。这些客户忠诚于产品，忠诚于品牌，他们不轻易改变自己的选择，总是固定在某几个品牌上——品牌客户一般都具有这个特点，因此也成为企业之间争夺的重要资源。为什么？因为品牌客户的消费行为和购买心理比较容易把握和预测。

留住品牌客户的具体方法又有哪些呢？在你尽力地想留住客户的时候，有哪些方面需要特别注意？下面的经验是访谈人员针对品牌客户管理的有关问题，特别是访谈人员在与客户交流的过程中容易出现的问题为访谈人员出谋献策。

第一，实事求是是不二法则。为了留住客户，访谈人员应慎重对待承诺，如"无需投资，年入百万"，"300%的投资回报，您还等什么"这样的广告噱头，应尽量不搞或者少搞。像访谈人员也应该避免这样向客户给出没有任何承诺的话语。再如免保证金、前期免费铺货、巨额广告支持、营销专家市场督导，如果做不到，则不如不说。当你承诺了又不能兑现的时候，你就会发现自己难堪了。因此，当你的能力很有限时，千万要慎重。

第二，要尊重规则。与客户交流的目标应该是双赢的结果，而不是企业盈利，以牺牲客户的利益为代价。这里所说的规则既包括人际交往的一般规则，同时也包括行业的隐性规则。

第三，时刻不忘与客户加强交流。如果你与客户的第一次访谈成功了，达到了预期的目的，千万不要从此断了与客户的联系，在此后还要不断地对客户进行回访，了解客户存在的困难和问题，尽己所能为客户解决困难和问题，要加强与客户的沟通，才能赢得客户的忠诚，获得长期的客户。

第四，培养自己独特的寻找品牌客户、留住品牌客户的方法。约翰·豪斯是凯迪拉克公司业绩最突出的推销员。约翰成功的主要原因是他有一套特殊的寻找客户的方法：约翰经常开着配有电话的新款凯迪拉克在街上游荡。当他发现谁家门前停着旧款豪华车，特别是旧款凯迪拉克时，他就把车开过去停下，然后通过地址目录来查找这一住户主人的姓名及电话。约翰在拨通电话后，一般采取如下方式进行推销："下午好！××先生（女士），我是凯迪拉克公司的约翰·豪斯，您是否想体验一下驾驶新款凯迪拉克的感觉？

这只耽误您几分钟，我现在就在您家的车库边。"约翰的做法并不高深，但很多人都没有发现。所以，想要留住和寻找品牌用户，你需要用心去观察和分析品牌用户的特点。虽然试车并不能马上带来销售业绩，但是约翰把寻找和鉴定客户的行动合并成一个步骤完成。用心思的他始终保持着良好的销售业绩。

你的潘多拉魔法盒——客户资料库

尽管市场变化非常迅速，客户资料库仍旧是有效市场营销战略的重要组成部分。

只有充分认识和理解客户资料库的重要性，才能知道如何利用好客户资料库，为访谈的前期准备做好必要的工作。客户资料库的具体作用有以下几个方面：

一、为企业提供一致的客户观点。客户资料库是唯一可以记录某个客户服务据点发生了什么事的地方，并提供给其他的客户服务作参考。例如，电话服务中心可以找到网站交易或邮购的记录，因为经销资料库里包含了这些信息。那么，访谈人员可以从这些一致的内容当中，经过自己的分析、综合、总结和归纳，找到客户当中共性的东西，明显的特征，从而加深对客户的认识和了解。

二、作为企业集体的存储记忆，为企业提供关于客户的知识。客户资料库是知识仓库，里面蕴含了很多非常有价值的客户信息，通过将这些信息进行学习、思考，可以获得更多的知识。反过来，如果没有客户资料库，在每个客户接触点上，看起来就像是企业从来没有接触过这个客户，客户交流与服务被迫从头开始。更糟的是，企业无法从过去的互动经验里学到任何东西，从而使这次与客户接触达成交易的可能性大大降低。

三、整合优化客户信息的存储，减少客户管理的成本。这是访谈人员建立自己的客户信息库时需要注意的问题。现在市面上的大部分解决方案，都可以做好某个渠道的自动化：业务自动化工具改进了业务的沟通，互动式网站强化了企业在互联网上的表现，电子商务工具可以提供以网站为基础的交易，经销活动的负责人可用自动化邮件进行直销。这些都需要信息的存储，但现在的大部分解决方案却没有联合这些存储资料的整合运用。例如，大部分经销活动的负责人都没法确知，一个客户打到服务中心的电话，其实是因为收到广告邮件而引起的回应。因为客户的回应是通过另一个渠道，原来的经销渠道就无法了解其效应。

四、有助于建立多渠道经销。现在有越来越多的客户开始要求时间、空间和流程上的便利性，因为他们希望可以在自己想要的地点和时间、用自己想要的方式和厂商交易。要达到这个目标，就须根据产品、生命周期或时间等不同的对内和对外的市场信息，其综合运用的支持能力就必须更方便。因此，必须有一个集中式、最佳化的经销资料库才能做到这一点。客户资料库的作用日益明显而突出，访谈人员一定要充分利用其作用，对于缺乏客户资料库管理的访谈人员，建议按下列步骤建立客户资料库，帮助访谈工作进行：

1. 拟定客户资料库管理策略。不论企业是在电子商务、CRM 还是其他的专业事务上，都应该决定要做什么、为什么要做，以及将来的成果。这些想法会导出你的实际需求，然后就能选出适当的策略。

2. 决定系统需求。信息系统的作用需要正确地认识。大不一定更好，一个不一致的系统可能并不符合企业的希望。你必须决定与客户接触的据点是否需要自动化，以及资料必须存在哪里，并规划资料如何从一个据点移动到另一个据点。

3. 彻底评估所有可能的解决方案，而非一味听信专业术语。当你知道客户资料库想要做什么之后，就可以列出一张能解决这些问题的名单。必须规划一套清晰的思考过程，来比较软件的能力。要记得每一次与客户的互动都有潜力，它可以创造或摧毁（努力争取来的）客户的满意度和忠诚度。只要企业拥有集中式的客户信息存储方式，就可以改进客户关系。

例如，对客户的信息收集，是每个企业都在进行的工作，但这些客户信息一般都被不同的部门所有，信息往往不是连续变化的，企业在进行营销决策销售时很难用好这些客户信息。在已实施CRM的企业中，客户的信息就像原材料一样，被专门的组织进行整理、分析并可以在组织内部形成共享，从客户信息转化为客户知识，因此，营销决策和资源分配是建立在客户知识基础之上。通过客户知识管理就可以有效地获取、发展和维系有利于客户组合的知识与经验，尽可能地求得最大的价值。

第三节

第一次拜访就成功

开场白——精彩胜出的关键

成功的开场白是一幕精彩好戏的开头,如同电影的开始几秒,一桌饭菜的第一道菜,能不能吸引人,是不是能吊起人的胃口,全靠这短短的几分钟。开场白掌握好了,客户的兴趣被调动起来了,你才有发挥的机会。"良好的开端是成功的一半!"因此,掌握好开场白的机会、利用好开场白的机会至关重要。不要小看开场白短短的几分钟甚至只有几句话,但是其中说话的逻辑、言语的条理、词语的选择非常重要。这些技能的培养并非难事,但也不是随随便便就能做到的,为了使接下来的客户访谈能够顺利进行,而不至于刚开口就遭到拒绝,访谈人员必须掌握如何开场的技巧。而在沟通技巧培训中,开场白的训练是必不可少的环节。

1. 开场白的形式与风格需要由情境决定。做演讲开场白最不易把握,要想三言两语抓住听众的心,并非易事。如果在演讲的开始听众对你的话就不感兴趣,注意力一旦被分散了,那后面再精彩的言论也将黯然失色。因此只有匠心独运的开场白,以其新颖、奇趣、敏慧之美,才能给听众留下深刻印象,才能立即控制场上气氛,在瞬间集中听众注意力,从而为接下来的演讲内容顺利地搭梯架桥。

2. 开场的方式要新颖、独特,抓住听者的心。你开始的三五句话,必须让对方产生好印象,必须让对方高兴,必须抓住对方,让对方产生兴趣,打动对方。如果你做不到这一点，你就要停下来，好好地斟酌一下，让你所说的话，动听、动听再动听，精练、精练再精练。你的话不能打动对方，重要的一条就是无用的话太多。就是你所说的，不是对方想听的。怎样解决这个问题？解决的方法，就是在最短的时间内，掌握一套最有力的说辞。

开场白的方式很多，下面这些原则和方式都可以用来参考。好好运用这些原则和方法来指导每一次的访谈，在你每次开场白的时候，心里有意识地使用这些原则和方法，可以帮助你提高一次又一次的开场白水平，不仅是语言能力的提高，同时也是思维和反应能力的提高。

一、奇论妙语、石破天惊

听者对平庸普通的论调都不屑一顾，置若罔闻；倘若用别人意想不到的见解引出话题，造成"此言一出，举座皆惊"的艺术效果，会立即震撼听众，使他急不可耐地听下去，这样就能达到吸引听众的目的。

毕业欢送会上有位班主任的致词很别致。他一开口就让在场者疑窦丛生——"我原来想祝福大家一帆风顺，但仔细一想，这样说不恰当。"这句话把同学们弄得丈二和尚摸不着头脑，大家屏声静气地听下去——"说人生一帆风顺就如同祝某人万寿无疆一样，是一个美丽而又空洞的谎言。人生漫漫，必然会遇到许多艰难困苦，比如……"最后得出结论："一帆风不顺的人生才是真实的人生，在逆风险浪中拼搏的人生才是最辉煌的人生。祝大家奋力拼搏，在坎坷的征程中，用坚实有力的步伐走向美好的未来！""一帆风顺"是常见的吉祥祝语，而老师偏偏反弹琵琶，从另一角度悟出了人生哲理。第一句话无异于平地惊雷，又宛若异峰突起，怎能不震撼人心？

需要注意的是，运用这种方式应掌握分寸，弄不好会变为哗众取宠，故作惊人之语。应结合听众心理、理解层次出奇制胜。再有，不能为了追求怪异而大发谬论、怪论，也不能生硬牵扯，胡乱升华。否则，极易引起听众的反感和厌倦。须知，无论多么新鲜的认识始终是建立在正确的主旨之上的。

二、自嘲开路、幽默搭桥

自嘲就是"自我开炮"，用在开场白里，目的是用诙谐的语言巧妙地自我介绍，这样会使听众倍感亲切，无形中缩短了与听众间的距离。在第四次作代会上，萧军应邀上台，第一句话就是："我叫萧军，是一个出土文物。"这句话包含了多少复杂感情：有辛酸，有无奈，有自豪，有幸福。而以自嘲之语表达，形式异常简洁，内蕴尤其丰富！胡适在一次演讲时这样开头："我今天不是来向诸君做报告的，我是来'胡说'的，因为我姓胡。"话音刚落，听众大笑。这个开场白既巧妙地介绍了自己，又体现了演讲者谦逊的修养，而且活跃了场上气氛，沟通了演讲者与听众的心理，一石三鸟，堪称一绝。

三、即景生题、巧妙过渡

一上台就开始正正经经地演讲，会给人生硬突兀的感觉，让听众难以接受。不妨以眼前人、事、景为话题，引申开去，把听众不知不觉地引入演讲之中。可以谈会场布置，谈当时天气，谈此时心情，谈某个与会者形象……例如，你可以说："我刚才发现在座的一位同志非常面熟，好像我的一位朋友。走近一看，又不是。但我想这没关系，我们在此已经相识，今后不就可以称为朋友了吗？我今天要讲的，就是作为大家的一个朋友的一点儿个人想法。"

即景生题不是故意绕圈子，不能离题万里、漫无边际地东拉西扯，否则会冲淡主题，也使听众感到倦怠和不耐烦。演讲者必须心中有数，还应注意点染的内容必须与主题互相辉映，浑然一体。

四、讲述故事、顺水推舟

用形象性的语言讲述一个故事作为开场白会引起听众的莫大兴趣。选择故事须遵循这样几个原则：要短小，不然成了故事会；要有意味，促人深思；要与演讲内容有关。82岁高龄的麦克阿瑟回到母校——西点军校。一草一木，令他眷恋不已，浮想联翩，仿佛又回到了青春时光。在授勋仪式上，他即席发表演讲，他这样开的头：今天早上，我走出旅馆的时候，看门人问道："将军，你上哪儿去？"一听说我到西点时，他说："那可是个好地方，您从前去过吗？"这个故事情节极为简单，叙述也朴实无华，但饱含的感情却是深沉的、丰富的。既说明了西点军校在人们心中非同寻常的地位，从而唤起听众强烈的自豪感，也表达了麦克阿瑟深深的眷恋之情。接着，麦克阿瑟不露痕迹地过渡到"责任—荣誉—国家"这个主题上来，水到渠成，自然妥帖。

五、制造悬念、激发兴趣

人们都有好奇的天性，一旦有了疑虑，非探明究竟不可。为了激发起听众的强烈兴趣，可以使用悬念手法。在开场白中制造悬念，往往会收到奇效。

党的早期革命家彭湃有一天准备向农民发表公开演讲。怎样才能吸引来去匆匆的农民呢？他想出了一个好主意。他站在一棵大榕树下，突然高声大喊："老虎来啦！老虎来啦！"人们信以为真，纷纷逃散。过了一会，才发现虚惊一场，于是都围上来责怪他。彭湃说："对不起，让大家受惊了。可我并没有神经病，那些官僚地主、土豪劣绅难道不是吃人的老虎吗？"接着，向大家宣讲革命道理。这次演讲后，该地的农运工作很快就开展起来。

制造悬念不是故弄玄虚，既不能频频使用，也不能悬而不解。在适当的时候应解开悬念，使听众的好奇心得到满足，而且也使前后内容互相照应，结构浑然一体。

以上提到的是访谈采用的不同方式，那么，访谈的开场白也是有一定的程序和步骤的，这是访谈的一项重要本领。怎么说好这套话术呢？长期从事访谈工作的资深人员总结出了以下几个步骤：

首先，以寒暄、赞美作为铺垫。演戏之前，都要先敲一阵子锣鼓，再开场；你说一个事、办一个事，一般也都要有个过渡和铺垫。比方说，你要老张做一件事，你总要先说点别的什么。"老张，你最近在忙什么哪？身体怎么样？""你这条领带很漂亮"等。说完这个铺垫之后，你再说："老张，我和您说个事。"这样过渡一下，老张接受起来自然就容易多了。同样，你一到客户那里，也应该有个过渡，如果你一进门，马上就说正事，人家神都没有缓过来，摸不清你的东南西北，你就滔滔不绝地说一大通，这样效果肯定不好。

开场白怎么说非常关键。直接决定下面的言谈能否取得好的效果。开场需要以寒暄、赞美为铺垫。寒暄、赞美的题裁可结合现场环境、他本人的特点（穿着、工作）或他和企业的某个事件来展开（某次讲话、他的一本书等）。铺垫的话不能太多，一般三两句就可以了。比如，"你这个办公室真是气派，很有品位""你这件衣服很好看，大概要几千块""上次在学习型大会上，我听了你的发言，你讲得真棒……""上次电视台播了你们公司的事迹，我对你公司非常佩服……""你是东北人吧，听你口音是东北人吧，我也是……""看你气质，好像老总以前当过兵，我曾经也在某某部队……"

专家们提醒大家，首先，寒暄不是目的，主要是缓和气氛，拉近彼此心里的距离，解除对方的警戒心理，为下面的谈判打下良好的基础。其次，充分展示卖点、亮点，给对方造梦。你今天跟他谈的目的，就是要把你这个项目的卖点、亮点充分地展示出来，就是要把你此行的卖点、亮点讲好、讲深、讲透、讲足、讲活，你不仅要告诉他你目前从这个项目能得到什么好处和利益，你还要给他造梦，告诉他未来的利益，让他看到这个你即将能够带给他的后续资源。

消除客户疑虑——真心赢得信任

当你面对客户的疑惑和拒绝的时候，怎么办？访谈当中，拒绝是难免要发生的事情，不仅要面对市场的拒绝，还要面对客户的拒绝，更要面对自己的拒绝。一个成功的访谈，就是要一步一步消除客户的疑虑的过程，在拒绝当中成就自己。因此，敢于面对拒绝，尝试与拒绝共舞，在克服拒绝的过程中消除客户的疑虑，让不断积累的经验成为战胜一切的武器，从而成就自己未来的辉煌！在消除客户疑虑的过程中，真心是最成功的武器，也是最后的杀手锏。

在表达你的真心的时候，千万记住——不要刻意去让你的客户觉得你是真诚的。这样做的效果反而适得其反，就好像"此地无银三百两"一样，没有银子不用特地告诉别人,你很真诚同样也不需要表达。你应该让客户觉得你是非常认真而且自然地在表达自己的看法,而不是让对方相信你的说法。做到这一点非常重要。因为当客户产生疑虑的时候,已经是一种信号,一种苗头。可能这个时候客户已经对你说的话或其他的访谈细节产生不信任,产生疑惑,如果信任不能及时地建立,疑惑得不到很好的解答,那么,客户的这种情绪极有可能演变为更深的怀疑、抵触的情绪,从而拒绝访谈的继续进行。因此,你的真心如何表达非常关键。这里不仅有言谈的技巧,更要注意运用心理学的原理,通过仔细观察和正确的判断,把握客户的心理情绪变化,逐渐化解客户的疑虑,达到顺利开展访谈的目的。

不少心理学专家认为:客户的心理更多地来自情感的支配而不是理智的选择。访谈要懂得和运用这一点,才能取得顾客的信任,有效正确地化解顾客的异议。

首先,真心的第一步是获得客户的情感。这是表达真心的目的之一。客户的情感包括哪些内容呢?说得更具体一些,是好感、信任、认可等。

其次,真心表达的同时,充分建立起客户的信任。这个过程要达到两个效果——客户的疑虑心理消除以及信任感的培养。这个过程可以分解为下面几个步骤,但是在实际的沟通过程中,这几个步骤并不是循序渐进的,而是同时进行的,交织在一起的,往往是客户的疑虑慢慢消除的同时,就是信任建立的过程。但明确客户心理变化的几个比较明显的阶段,对于成功地掌握如何消除客户疑虑是非常有帮助的。

在消除客户的疑虑过程中,首先要明确——客户有哪些疑虑?客户的疑虑从哪里来?经验丰富的访谈人员在总结大量的访谈事例后,总结出客户疑虑的五种类型,并给出相对应的疑虑解决方法:

1. 隐含式疑虑——查出隐含的疑虑是关键。与不愿谈论异议或自己也不清楚不愿购买原因的潜在客户打交道时,你应尽自己所能把问题弄清楚。考虑一下这些问题:怎样才能让他信服;为什么这么说?请告诉我你内心究竟有什么想法?把隐含的异议挖出来,不是一件容易的事。仔细观察潜在顾客

第一章　打开虚掩的门——开发客户的技巧

的语调、面部表情和举手投足，密切注意潜在顾客说的话。有时你必须学会领会他的言外之意。

2. 敷衍式疑虑——我必须好好想一想。当你听到这句话，请不要怀疑，客户是在敷衍你。你需要时间考虑，这是可以理解。我有兴趣现在听一下你对赞成购买和反对购买的原因的有关想法。自从我们第一次见面以来，你和我都在思考这个问题。你知道这是个绝妙的机会，你喜欢这个产品，你又知道它能为你省钱，不是吗？（如果潜在客户回答是）非常好！访谈可以继续往下进行吧。

3. 无需要式疑虑——客户可能会说"对不起，我不感兴趣。"这个时候你不妨问这个问题："我可以问为什么吗？"这是非常有效的方法，因为客户可能没有发现自己的需求，因为需求不够强烈的时候，是不会有人主动去想我现在需要的东西有哪些？人的思考是有惰性的，而访谈人员的作用就是消除这种惰性。当你想要为客户推销一种产品时，当你一旦遇到客户的这种反应时，你不妨告诉你的客户我理解你的感觉。我的许多客户在购买我们的产品之前也是这样说的，但是，他们随后发现这个产品能够为他们带来很多意想不到的收益。接下来，如果客户没有立即打断你的话，你可以以简单明了的、不容怀疑的语气告诉他现在产品或服务与你推销的产品或服务给客户带来的利益。

4. 价格式疑虑——你的客户一定会抱怨价格太高。在中国讨价还价是天经地义的、非常自然的事情。因此，当客户对价格表示疑虑时，帮助他进行客观正确的判断和分析是必要的。你可以反问客户"与什么相比你觉得我们的价格高？"如果客户能举出真实的理由和事实，这并不重要，这并不会妨碍客户购买你的产品。接下来你要做的事情并不像你想象中的那么困难，你只需要告诉他，我的价格比××价格高，但都是物有所值，然后向他解释原因即可。那么，客户一旦相信了你，成交的希望就出现了。但是，客户也许还有这样的要求："再给我5%的折扣，我今天就下单。"那么，你采取什么样的反应才是最好的呢？这个时候你不妨提出让客户一次性付款。一般来说，下了购买决心的客户都不会拒绝，所以，不要担心客户因为你提的这个

029

要求而放弃你的产品。

5. 产品式疑虑——别人的产品比你的更好。当客户提出这样的意见时，最佳的反应是承认、赞同。这个听起来有点难以接受。主动承认自己的产品和服务不如别人，不就等于自己给自己泼冷水吗？客户还怎么购买你的产品？不要担心，承认你的竞争对手产品更好那只是目前的情况，你可以再让客户说说对这两种产品不偏不倚的看法，比如产品的质量、服务、特点还有五年以后的价值比较。这样比较下来，你的产品绝对比竞争对手的好。因为这些好处是你之前就分析到、就想到的，只不过在这个时候，让客户自己去分析、自己去寻找，比访谈人员直接说出来的效果要好得多。

给客户把脉——找到买点

怎样将你的产品成功地介绍给客户？如何寻找客户的买点？这个问题是访谈人员无法避免的，在很多情况下，访谈的最终目的是获得客户的订单，为企业赢得更多的利润。找到客户的买点并不是一件简单的事情，它需要把握客户的现实需求，充分了解和理解客户的潜在需求，并有效地进行开发。如何在看似不可能的地方闯出一片市场，这才是真正重要而关键的。如果访谈人员能够做到在看似不可能的地方找到并挖掘客户的需求，这是真正的成功。这里要讲的是一个名叫 Willow Creek 社区教堂的故事，相信这个故事对访谈人员如何找到并挖掘客户的买点非常有启发意义。这座教堂坐落于美国伊利诺伊州芝加哥郊区的南巴灵顿。William Hybels 是这座教堂的创建者和高级牧师。每天都有各种各样的人前来拜见 Hybels：有的是虔诚的信徒，有的是无神论者，有的是不可知论者，还有以前曾经信奉基督教但后来动摇了的。他们渴望充实他们的精神世界，但却对传统的教堂不再抱有幻想。他们当中许多人都认为，圣经和基督教与他们无关。

Hybels 开始运用营销措施。他认为，教堂的基本产品是好的，如圣经和

第一章 打开虚掩的门——开发客户的技巧

基督教，现在要做的是要用一种合适的方式使它们进入这些对教堂敬而远之的人们的生活当中，使他们的生活与之息息相关。因此，Hybels 对传统的教堂说教方式进行了改革。从此，在 Willow Creek 教堂里，再也看不到传统的宗教道具，也没有了十字架、熏香和忏悔，也不再有宗教仪式。Hybels 对目标消费者进行了充分了解后，设计了新的演讲台。目标消费者之一是 20 多岁的年轻男女：男孩子们穿着牛仔裤，留着小胡子；女孩子穿着黑色靴子，染着紫色条纹的头发。他们一般不会去参加星期日的礼拜。针对这一消费群体，Hybels 设计了一种在星期六晚上进行的带有摇滚音乐的宗教活动。活动当中会有摇滚音乐，但同时也有说教，只是这种说教是以适合年轻人的方式进行的。活动的主持人 Dieter Zander 站在人群前宣布："你们这一代人的领导风格是与上一代人不同的。"然后，他就开始谈论诸如毒品、父母离异、性或种族冲突等问题。

那么，这些年轻人是如何看待这些说教呢？事实上，他们是以一种非常虔诚的态度来接受这些说教的。"我们感觉上帝离我们一点也不遥远"，一位参加者说道，"他们谈论的都是实实在在的生活。它可能很脏很龌龊，但却是我们想听的东西。"Willow Creek 教堂占地 145 英亩，风景优美，树木繁茂，还有一个人工池塘。教堂的院子里有一个食品卖场和一个书店。另外，还有一个托儿所。托儿所设在一个运动场式的院子里，里面可以容纳 4540 人。

Hybels 的营销灵感来自于管理学大师彼得·德鲁克。在参加了德鲁克的一次学习班之后，Hybels 开始考虑一些颇难回答的问题：我们的业务是什么？谁是我们的消费者？消费者所追求的价值何在？他是这样回答的：人们觉得教堂很枯燥，宗教的说教与他们的生活无关。他发现大多数人都相信上帝，却不相信教堂。所以他设计了带有摇滚乐的宗教服务，运用一些幽默的小故事使宗教的说教变得生动活泼。他向各种信仰的信徒发出邀请，也不再规定着装。他建立了专门的部门来处理离婚、单亲、寻找配偶等问题，他甚至还在教堂成员的帮助下为单亲家庭提供修车服务。这样，无论是陶冶心智、维持婚姻及修理汽车，都成了教堂服务的一部分。

今天，别的教堂在 Hybels 的帮助下也开始模仿 Willow Creek 的成功做法。Willow Creek 已经帮助了 15 个国家的 2300 家教堂。现在，这些教堂的平均信徒数量达到了 400 人，而全国平均数只有 100 人。Willow Creek 之所以成功，其核心只是一个很基本的道理：首先应该理解消费者的动机、需要或需求，然后根据消费者的需要及需求设计相应的服务。

如今这个年代，就连向消费者推销圣经和基督教都不再容易了——这也需要以消费者为中心。这一道理适用于市场上的任何公司，无论是满足家庭消费者需要还是满足企业消费者的公司。

当家乐氏带着它的早餐麦片进入印度市场的时候，还以为可以大大改变消费者的早餐习惯。公司将家乐氏早餐的营养成分与印度人习以为常的、油性很大的早餐食品的营养成分进行了比较，认为公司提出的理性化的观点能够赢得消费者的赞同。不久家乐氏就发现，一些根深蒂固的习惯是很难改变的。于是，公司在研究了印度的消费者之后，推出了带有印度消费者所喜欢的牛奶味道的麦片。这种以消费者为中心的做法使得家乐氏逐渐占领了印度早餐市场的很大一部分份额。

第二章

完美访谈的前奏——如何进行访谈前的各项准备

第一节

访谈前必不可少的"功课"

如何制订有效的访谈计划

"凡事预则立,不预则废。"这句古老的格言放在今天同样适用。访谈计划的制订是连接访谈前准备工作和访谈进行的重要关键步骤,一个高质量的访谈计划能够帮助你预见访谈中可能出现的所有问题。

一个有效的访谈计划应该具备以下几个特点:

一、目的性强。在一定时间内,访谈应完成什么任务,获得什么效益,计划中要明确。否则所制订的计划不仅无法完成,而且也毫无意义。

二、预见性强。制订访谈计划要事先行文,做好文字方面的准备,以帮助指导实际工作的进行。事先行文就需要对所做的工作、所进行的活动有一定科学的预见,依照对客观的清醒认识,有一个正确的设想:访谈当中需要做什么,达到什么目的,如何去做,采取什么方法、步骤、措施,以及可能会出现的问题等。有的时候,访谈当中可能会出现很多意想不到的情况,对于这些意外,访谈人员必须有清醒的认识和充分的准备,以保证在突发情况来临的时候,自己能够应付得了。

三、访谈措施切实可行。计划是要执行的,要执行就必须十分重视预见的现实可能性,必须注意措施办法的可行性,也就是说计划中的指标要经过努力可以达到。

四、实施过程要具有可变性。由于预测的局限性,计划在实施过程中,有时会遇到前所未料的事情影响原订目标的实现,因此部分改变计划的情况是常有的事,全部改变原计划也不是不可能。故此,在计划的执行过程中,允许有所变通调整、修改。

五、访谈方案具有约束力。这个方面对于非个人访谈尤其重要。如果访谈时需要一个团队共同完成,而不是一对一的访谈,那么前期准备中所有的计划一旦形成、通过就必须遵守。计划一经讨论通过、下达,就要遵照执行了。如要调整和修改,一般要经过一定手续的审批。

如果说访谈的整个过程就是一个项目的话,那么,在制订访谈计划的各项步骤中,也必须遵守项目管理的要求和方法,以保证各个步骤的有效性和效率。

首先,树立自信心是访谈计划的重中之重。可能有的读者会问:为什么把自信心作为访谈计划的重头戏呢?计划和自信心有什么关系吗?关系非常大,访谈计划所包含的内容可以非常广泛,不仅仅是书面材料的充分准备,更重要的是任何事业的成功都来自于自信心,缺乏自信是大忌。对于一个访谈人员来说,树立自信心的具体含义包括两层:一是对自己有信心;二是对你的工作及企业有信心。有句名言是:"没有卖不出去的货,只有不会推销的人。"你在与客户交谈的时候,就是在营销自己,作为访谈人员,直接与人打交道,与客户产生关系,应充分相信自己一定能完成本次访谈任务,相信自己所从事的工作是有价值的,自己所提供给客户的服务是值得信赖的,给客户建议的产品是值得信赖的产品,这样真正同客户洽谈时才有底气。否则当客户问:"你产品的效果如何?"回答:"可能还行吧!"这将直接导致客户对你和你的产品失去信任,因此只有你先相信自己、相信产品、相信企业,客户才能相信你、相信你的产品。

其次,掌握客户相关的基本情况。一个优秀的访谈人员应是一个杂家,要求知识面广、业务知识全面。在你上门拜访之前,首先应掌握你所面对的客户的基本情况和企业的相关情况,比如,产品的功能、特点、原理、使用,以及企业的概况、经营宗旨、经营方针政策、规模、实力等,这些信息掌握得越详细越好；其次，应掌握目标市场的环境变化和竞争态势；再次，要了解目标市场的经济、技术水准、政治、社会环境、人口环境、风俗习惯等特点；另外要了解目标市场的相关产品，相关厂家的情况。

最后，需要你了解客户的特点。就是要了解客户的兴趣、爱好、经济条件、心理等，这样在真正的洽谈中才能有共同语言、形成共鸣，形成共鸣生意就成功了一半。总之，只有情况熟悉才能在推销中对答如流，消除客户疑心和顾虑，赢得客户的信任。

在此基础上，再设计访谈线路。访谈线路是访谈计划中具体的内容，走访式推销一定要事先选好线路，否则线路不明晰就会走弯路、走回头路，徒劳无功。所以应精心研究自己出行的线路。一般推销线路的选择应根据所了解的目标市场和不同顾客的具体特点，本着由易到难，兼顾就近、方便的原则。由易到难的好处是：第一，在拜访后面的顾客时，可以把前面成交过的客户的反映，做宣传资料，增加说服力；第二，洽谈成交过程也是暴露问题、解决问题的过程，通过解决前面成交中的各种问题，能总结经验，为后面相对难一些的洽谈做准备。

制订具体的洽谈要点也是访谈计划中必不可少的内容。只有掌握洽谈要点，才能在洽谈中言之有物，洽谈要点包括：怎样自我介绍；开场白讲哪些？何时出示产品或产品介绍；对客户可能提出疑问的解答方法；价格的获取和退让的界限；如何利用结束语为下次拜访留下伏笔。除以上以外，要着力准备好开始时的谈话，最初两分钟最重要——要使客户有兴趣听下去，这是要点中的要点。

仪表准备往往是帮助你获得成功的关键。访谈人员着装应大方得体，干净利落，切忌不修边幅，年轻的推销员不要留过长的胡须、头发，更不要染发。切忌奇装异服，要体现一种精明强干、可信赖的气质风度。

综上所述，拟定访问计划要做好向顾客充分介绍特征的准备，制订访问的程序、步骤和方式等，甚至要逐字逐句地准备好访问洽谈的内容和发言提纲，这些都是访谈计划中需要你一步一步去做好的实实在在的内容。

第二章　完美访谈的前奏——如何进行访谈前的各项准备

充分了解客户

访谈的目的是为了获取信息，拉近与客户之间的关系，为企业赢得更多的机会。向一个人提问不是一件容易的事情，需要对被访者充满尊重和善意，因此，必须充分地了解客户，在了解客户的基础上，才能做到访谈工作有的放矢，这个"的"指的就是访谈的对象。了解客户哪些方面的情况？了解到什么程度？了解的目的是什么？这些内容都是在本小节中需要重点回答的问题。因为客户访谈中需要对客户有充分的了解，但关键的目的不在于了解客户，而是希望通过了解客户来实现和达到访谈的目的。有的访谈人员将重点放在对客户的分析和认识之中，虽然这个方面的内容也是需要的，但并不是访谈人员的工作重点，访谈人员的工作重点是完成访谈的目的，对客户的分析和了解是客户关系服务的责任和重点，无论任何时候，访谈人员都必须牢记这一点，不能本末倒置。

为什么要了解客户？因为我们希望更好地把握客户的需求。更好地把握意味着首先要准确地把握。做到准确地把握客户需求就是迈出了成功的第一步。因为客户的需求总是不明显地表达出来，以至于由于对客户的需求把握不准确，导致产品开发之后没有找到市场，无法打动客户，导致营销的失败。归根结底，是因为对客户不够充分了解造成的。经过心理专家研究表明，客户总是有两组需求，能明确说出的是一组，可以称为"有声的需求"；另一组是没有说出来的，可以称为"沉默的需求"。通常，有声的需求是在任何一个行业中大多数商家试图满足的需求，了解这种需求并不困难。较为困难的是识别客户沉默的需求，没有表达出来的那部分沉默的需求往往是客户深层次的愿望，由于这个愿望并没有得到满足，因此其潜在的价值是非常大的，如果能够优先把握了客户的这个需求，就能够占领市场，把握先机，对于将来赢得客户的忠诚也是非常有优势的。很多时候，企业能够领先一步之处就在于了解到了客户的更多需求。

为什么产品功能与客户的需求总是不一致？是不是要对客户的每一个需求都说"是"？如何把握客户需求的层次来更好地实现客户需求？每当出现这些问题，就是客户访谈最应该出现的时候。所提到的这些问题是客户访谈应该而且必须回答的。可能有人会说：需求的前期调研不足导致了最后的失败。其实，客户需求不是仅仅通过调研能够了解的。单凭几百个样本并不能够完全抽取出客户的核心需求。访谈是调研的一种特殊方式，不同于调研和一般的问卷调查，了解客户需求不能单依靠市场调研这一种方式，而是需要随时随地地关注客户需求，行业变化会产生客户需求，日常的销售反馈就是客户需求，客户的抱怨也是需求，售后服务人员的电话记录单中也有客户需求，研发人员的创新也是客户需求。其实，无论是在市场之内还是市场之外，客户都在不断地表达着他们的需求。因此，只有企业整体时刻保持对客户的关注，才能真正做到了解客户需求，而保持长期对客户关注的方式，访谈是最适宜的，也是成本相对较低的。因此，了解客户的需求，是访谈的重要目标，客户需求是访谈需要挖掘的重点内容。

在了解客户需求方面，通用电气公司有自己与众不同的方法。通用电气公司的销售人员第一次拜访客户时，通常只字不提产品，只是不停地问问题。有关企业的设备支出？现在遇到的问题？希望得到什么？等等。

如何了解客户需求？从哪些角度入手？专家们认为，最快速而且比较有效的方式莫过于与客户"换位思考"。换一种立场，转换角度就能发现问题的另外一个侧面。站在客户的立场去了解需求，要能够分配更多的时间去关注客户，更要能与客户做"换位思考"。回想一下在上个月中花了多少时间与你的5位最重要的客户在一起？与他们的交谈仅仅是礼貌的寒暄，还是关于客户最重要需求的实质性讨论？

假设你是你的5位最重要客户中某一家的首席执行官，试着问自己几个问题，你会明白他是怎么想的。通过下面这些问题，你试着训练自己的换位思考能力，对于提高理解客户需求会非常有帮助。

你的总体目标是什么？什么是你最关心的事情？为了帮助你达到自己的目标，供应商应该怎么做？目前的供应商是否符合你的希望？他们为何未能符合你的希望？只有企业整体重视起来，从实际出发，以客户为本，才能真正达到对客户需求的了解。

问自己：客户为什么要买我们的产品

客户为什么需要我们的产品？这个问题是访谈人员必须考虑的问题。如果你没有充分的理由来说服自己，那就不可能让你的客户相信。在这样的情况下最好不要轻易开展访谈，因为有经验的将军从来不打无准备的战斗。如果客户对你的介绍比较感兴趣，使得下一次的访谈成为可能，这已经是最好的效果。而带着营销任务的访谈是不太容易进行的，因为客户往往对推销行为有一定的抵触情绪。因此，访谈人员过好自己这一关非常重要。如果连自己这一关都过不了，更不能期望你的客户能够相信你。

有的访谈人员不相信自己的营销能力，认为客户不会听自己的建议；有的访谈人员认为自己的产品没有竞争力，不知道该产品的优点在哪里；有的访谈人员觉得客户不会需要我们的产品，等等。这些消极的想法和缺乏自信的情绪很大程度上影响了访谈的成功率，也成为阻碍访谈人员提高自身能力的一道关。因此，如何过好这一道关，如何正确认识和看待以上的问题，最关键的是建立自信心。当你对自己充满信心的时候，也就预示着成功了一半。问问自己，客户为什么要买我们的产品？回答好了这个问题，无论遇到什么样的客户，无论碰到客户提出的任何问题，你都能游刃有余地应答。这个问题的回答并不仅仅是一个方面的内容，它需要多个方面的准备和思考。

首先，你的产品为什么是客户需要的？访谈人员首先要从自身出发，从企业的产品和服务出发，先是知己，然后才是知彼。因此，对产品的分析和了解是访谈人员需要做好的第一步工作。访谈人员扮演的是一个两面的角色，既需要面对客户，同时需要了解产品和服务。不能凭空说白话，没有过硬的业务能力和知识积累，就不能够很好地回答客户对产品的疑问。对于产品的理解和认识也不能光从企业的角度出发，因为仅仅从企业开发产品的角度，不能总是与用户的需求结合在一起的，可能其中那些涉及企业的发展战略、市场定位等内容不是客户愿意花时间倾听的，所以，站在客户的角度感同身受地去认识产品不失为一个明智的方法。

客户希望了解什么？希望从产品那里获得哪些东西？客户对于产品的需求是由哪些方面决定的呢？这是回答客户为什么要买我们的产品这个问题最重要的部分。为了更好地了解客户对产品的期待，借助著名的"马斯洛需求层次理论"可以帮助访谈人员了解客户的需求。根据人的不同层次的需求，访谈人员通过把握客户的需求点来进行产品的营销。需求理论的基本内容是：人有一系列复杂的需要，按其优先次序可以排成梯式的层次，其中包括下面的基本假设，这些假设对于访谈对象来说同样适用。

已经满足的需求，不再是激励因素。人们总是在力图满足某种需求，一旦一种需求得到满足，就会有另一种需要取而代之。大多数人的需要结构很复杂，无论何时都有许多需求影响行为。一般来说，只有在较低层次的需求得到满足之后，较高层次的需求才会有足够的活力驱动行为。满足较高层次需求的途径多于满足较低层次需求的途径。

马斯洛理论把需求分成生理需求、安全需求、社交需求、尊重需求和自我实现需求五类，依次由较低层次到较高层次。客户对产品的需求也符合层次性的原则，而且不同的客户对于产品的需求处于不同的层次，那么访谈人员需要做的是确定客户的需求是在哪一个层次，针对不同的层次来提供相应的服务。

第一层是生理需求。那些对食物、水、空气和住房等需求都是生理需求，这类需求的级别最低，人们在转向较高层次的需求之前，总是尽力满足这类需求。一个人在饥饿时不会对其他任何事物感兴趣，他的主要动力是得到食物。即使在今天，还有许多人不能满足这些基本的生理需求。比如如果员工还在为生理需求而忙碌时，他们所真正关心的问题就与他们所做的工作无关。当努力用满足这类需求来激励下属时，我们是基于这种假设，即人们为报酬而工作，主要关于收入、舒适等，所以激励时试图利用增加工资、改善劳动条件、给予更多的业余时间和工间休息、提高福利待遇等来激励员工。对于客户而言，决定其生理需求的大多数情况下是由他的收入决定的。可支配收入高的客户能够非常容易地满足生理需求，而处于贫困线边缘的人，往往最大的精力是如何维持生活。因此，判断第一层需求是否满足是比较容易的，而且也能较快地帮助访谈人员实现客户分层。

第二层是安全需求。安全需求包括对人身安全、生活稳定以及免遭痛苦、威胁或疾病等的需求。和生理需求一样，在安全需求没有得到满足之前，人们唯一关心的就是这种需求。对许多人而言，安全需求表现为安全而稳定以及有医疗保险、失业保险和退休福利等。受安全需求激励的人，在评估职业时，主要把它看作不致失去基本需求满足的保障。每个人都希望能够得到安全的保障，无论是在生活上还是工作上，安全的保障是前提和基础。因此，当你为客户提供产品或服务时，也要注意客户的安全需求，可以从安全需求出发来满足客户的需求。

第三层是社交需求。社交需求包括对友谊、爱情以及隶属关系的需求。当生理需求和安全需求得到满足后，社交需求就会凸显出来，进而产生激励作用。在马斯洛需求层次中，这一层次是与前两层次截然不同的另一层次。这些需求如果得不到满足，就会影响人的精神，导致高缺勤率、低生产率、对工作不满及情绪低落。访谈人员必须意识到，当社交需求成为主要的激励源时，工作被人们视为寻找和建立温馨和谐人际关系的机会，能够提供同事间社交往来机会的职业会受到重视，十分强调能为共事的人所接受，并且遵从集体行为规范。社交需求也体现在客户访谈过程中，如何让客户觉得自己受到他人的尊重，自我的实现等。

第四层是尊重需求。尊重需求既包括对成就或自我价值的个人肯定，也包括他人对自己的认可与尊重。有尊重需求的人希望别人按照他们的实际形象来接受他们，并认为他们有能力，能胜任工作。他们关心的是成就、名声、地位和晋升机会。这是由于别人认识到他们的才能而得到的。当他们得到这些时，不仅赢得了人们的尊重，同时就其内心因对自己价值的满足而充满自信。不能满足这类需求，就会使他们感到沮丧。如果别人给予的荣誉不是根据其真才实学，而是徒有虚名，也会对他们的心理构成威胁。在激励员工时应特别注意有尊重需求的管理人员，应采取公开奖励和表扬的方式。布置工作要特别强调工作的艰巨性以及成功所需要的高超技巧等。颁发荣誉奖章、在公司的内部刊物发表表扬文章、公布优秀员工光荣榜等手段都可以提高人们对自己工作的自豪感。

第五层是自我实现需求。自我实现需求的目标是自我实现，或是发挥潜能。达到自我实现境界的人，接受自己也接受他人。解决问题能力增强，自觉性提高，善于独立处事，要求不受打扰地独处。要满足这种尽量发挥自己才能的需求，他应该已在某个时刻部分地满足了其他的需求。当然自我实现的人可能过分关注这种最高层次的需求的满足，以至于自觉或不自觉地放弃满足较低层次的需求。自我实现需求点支配地位的人，会受到激励在工作中运用最富于创造性和建设性的技巧。拥有自我实现需求的客户对于产品和服务的要求已经不仅仅局限于其性能本身，更重要的是产品和服务带给他的精神层面的享受。

马斯洛的需求理论能够帮助你准确判断你的客户需求处于哪个层面，然后从这些层面出发有针对性地做出访谈计划，找准客户的需求。

协同合作——向客户销售利益

如果你的能力和权力不能给客户提供更多的服务和更多的信息，那么不妨采用协同访谈的方式，让其他部门的人员帮你一把，共同开发你的客户，你会发现效果非常好。比如，做客户售后服务访问的一旦发现客户新的业务增长点和需求，就能够及时地将这些信息传递给做终端销售的同事，并且在下一次的客户访谈中将销售部的同事引荐给你的客户，不仅仅是为客户解决了潜在的困难和需求，同时也为你的同事赢得了一次机会。相信你的同事会非常欣赏你的工作作风，并且在合适的时候会对你表示感谢。因此，竞争与博弈日益成为现代社会关注的问题，这个观点相信对你的工作也会产生很大的影响和改变。

协同访谈的目的并不是让访谈人员帮助销售人员提高销售业绩，而是希望销售人员来帮助访谈人员掌握销售技巧，虽然最后的业务成绩是归于销售人员，但访谈人员从这个过程中充分地了解了如何进行销售、进行产品展示，如何更好地把握客户心理，因此，访谈人员的素质和能力得到了提高，使其能够独立完成销售任务，这样才能有利于整个销售团队业绩的提高。从总体上看，协同访谈对公司的意义是不容忽视的。因为销售是公司运作的最后一个环节，销售业绩最终要靠销售人员来实现。通过协同访谈，可以为公司培养一支高素质、高效能的销售队伍，为公司销售业绩的提高打下坚实的基础。在协同访谈的过程中，访谈人员要积极地与销售人员讨论所碰到的困难，共同探讨解决方法，有机会取得技巧表现的反馈和辅导，并了解销售人员对市场情况的观点和看法。

协同访谈作为一种特殊的访谈形式，必须掌握其特定的实施步骤、访谈过程的注意事项，根据其特点来制订相应的协同访谈计划。由于时代的发展，单纯依赖个人的能力和力量去做好一件事情恐怕是远远不够的，团队合作越来越受到重视和关注，协同访谈就是团队合作的方式之一。也是访谈人员在实际工作中经常要遇到的，也必须做好的事情。那么，协同访谈的步骤包括哪些？如何制订协同访谈的步骤？了解协同拜访的步骤才能有的放矢地制订计划。

协同访谈的特点在于访谈人员和销售代表共同访问客户，因此，在协同拜访的过程中尤其要注意各方关系的协调，严格按照科学的步骤实施拜访。一般来说，协同拜访的步骤包括计划、安排、执行和跟进。

在协同访谈的各个步骤中，计划尤其重要。销售人员及时与访谈人员进行沟通，在充分了解情况后，事先制订访问计划，防止双方在协同拜访目的方面的错误理解，其中要强调协同访谈的重要意义和对访谈人员的益处，特别是访谈人员通过访谈应该获得哪些方面的提高。此外，在计划中还应该明确协同访谈的目的和时间安排，避免销售人员与访谈人员之间产生冲突。

在制订协同访谈的计划时，其中必须强调协同访谈的原则，并同时将有关注意事项都交代清楚。协同访谈是多元互动的过程，需要顾及的注意事项较多，如协同访谈应该分配给每一个销售代表而不能有所偏重，但可以从帮助业绩不好的代表入手。此外，协同访谈需要考虑公司标准、时间安排以及地域性等原则，下面为你提供的是协同访谈需要注意的事项和原则，这些均是著名的销售代表在经过大量的协同访谈工作后得到的宝贵经验和知识总结。

协同访谈的原则	协同访谈的注意事项
●公司的标准、自己的要求 ●评估每位代表的经验与工作表现以决定需要辅导的时间 ●根据评估结果决定每位代表每月所需天数 ●了解自己可以协同访谈的天数及日期（如在不同城市，则需考虑在路上的时间） ●综合以上考虑制订协同访谈安排	●分配时间给真正需要你协助的代表上 ●不要忽略老代表及表现好的代表 ●在市场策略或推广方向发生改变时，需即时与每位代表共访，确认已掌握改变 ●注意代表工作表现的改变（正面／负面），修改协同访谈计划 ●参考上月实际协同访谈计划 ●每季度回顾分配给每位代表的协同拜访时间，以确保对每位代表给予足够支持

最后必须强调的是，在制订协同访谈计划时，除了要考虑协同访谈的原则和有关注意事项之外，更为重要的是如何进行协同访谈的总结。销售人员和访谈人员一起拜访客户并不是最终目的，协同访谈主要是为了能够在实践过程中帮助访谈人员提高销售技巧和沟通能力。从这一意义而言，拜访前的准备和拜访后的总结比拜访本身更为重要。因此，访谈计划中一定要体现如何总结这一步。

第二节

成功访谈必备要素

如何制订不同的访谈计划

访谈计划是访谈工作成功的基础。要预先确定你想完成什么，并针对所希望的结果制订出一个行动方针。访谈计划的第一步，是决定谈些什么，在哪里谈，以及什么时候谈、与谁谈？访问计划中，十分关键的部分是你对每一客户的了解。你的客户将欢迎你向他们提出帮助他们的主意和计划。

销售访谈计划——以销售目标为导向

如何聆听及透过观察来探询客户的需求？如何培养同理心来感受顾客的重视程度？如何没有压迫性的发问，以得到你想要的资讯？如何准备销售访谈的开场白？什么样的问题对判定顾客目前状况最有效？这些问题都必须在销售计划中予以考虑。而正确认识销售访谈计划的重要性，特别是知道哪些因素会对访谈计划产生影响是第一步。

无计划的销售访谈并不能预期它最终的效果。为了帮助你更好地建立销售访谈计划，必须先克服许多销售计划的管理上存在一系列的问题：如无目标明确的年度、季度、月度的市场开发计划；销售目标不是建立在准确把握市场机会、有效组织企业资源的基础上确定的，而是拍脑袋拍出来的；销售计划没有按照地区、客户、产品、业务员等进行分解，从而使计划无法具体落实等。影响销售访谈计划除了访谈人员个人控制的原因之外，还有许多因素也会影响访谈计划。比如各分公司的销售计划是分公司与公司总部讨价还价的结果；公司管理层只是向业务员下达目标数字，却不指导业务员制订实施方案；许多企业销售计划的各项工作内容，也从未具体地量化到每一个业务员头上，业务员不能根据分解到自己头上的指标和内容制订具体的销售活动方案，甚至，有的业务员不知道应该如何制订自己销售方案等。由于没有明确的市场开发计划，结果企业的销售工作失去了目标，各种销售策略、方案、措施不配套、预算不确定、人员不落实、销售活动无空间和时间概念，也无销售过程监控和效果检验措施。这样，在竞争激烈的市场上，企业的销售工作就像一头闯入火阵的野牛，东冲西撞最后撞得头破血流。因此，当你所在的企业如果处于没有总体的、全局性的销售计划作为指导，那么你就要懂得为自己的计划做长远的打算。不能因为缺乏公司给你的控制和安排，而导致自己的销售访谈计划没有目的，在某些时候，你不妨与公司里的其他人一起共同商量，让销售部门的销售经理帮助你进行销售目标的确定，这样更能帮助你做好销售访谈不工作，达到访谈的目标。

　　过程无控制是访谈计划的大忌。"只要结果，不管过程"的方式并不能期待销售访谈的成功。对访谈过程的控制主要体现在对客户的管理上。有不少负责销售访谈的人员将销售访谈看作一次性的工作，不对访谈进行有效的、长期性的管理，又岂能期望能够拥有长期的客户？打个比方，一粒麦子有三种命运：一是磨成面被人们消费掉，实现自身的价值；二是作为种子播种，结出一粒丰硕的果实，创造出新的价值；三是由于保管不善，麦子霉烂变质，失去自身的价值。这就是说，管理得当，麦子就会实现自身的价值或是为人类创造出新的价值；管理不善，就会失去自身的价值。同样道理，对客户管理有方，客户不仅对产品同时也会对企业产生忠诚和信赖，建立起长期的关系。管理不善，就会导致销售风险。然而，许多企业对客户没有进行有效的管理，结果，企业既无法调动客户的销售热情，也无法有效地控制销售风险。目前，销售过程中普遍存在的问题，如客户对企业不忠诚、窜货现象、应收账款成堆等，都是企业对客户管理不当的结果。

销售访谈过程中，信息反馈的作用也是非常大的。因为销售直接面对客户，客户对于产品或服务的任何信息都是非常重要的信号，对于企业的产品定位等的作用非常大。销售人员在市场一线，最了解市场动向，消费者的需求特点、竞争对手的变化、经销商的要求，这些信息及时地反馈给企业，对决策有着重要的意义，另一方面，销售活动中存在的问题，也要迅速向上级报告，以便管理层及时做出对策。然而，许多企业没有建立起一套系统的业务报告体系，未及时地收集和反馈信息。客户销售访谈的结果有两个方面的意义，一是为企业带来销售额，有意义的是市场信息，因为它决定着企业明天的销售业绩、明天的市场。二是许多企业既没有向业务员提出过收集信息的要求，也没有建立一套业务报告系统，以便能够及时收集和反馈信息。企业销售工作出了问题并不可怕。可怕的是企业不能够及时地发现企业营销活动各个环节中发生的问题，并在管理上做出及时的反馈，使这些问题得以迅速解决而不至于给企业造成重大危害。

售后服务访谈计划——以用户意见为导向

收集用户对产品或服务的意见是售后服务访谈的重点内容，因此，售后服务访谈计划也是围绕着用户的体验当你计划收集用户体验时要考虑两件事情：决定你应当从哪一个用户那里搜寻信息；决定你如何从一个用户那里得到信息。

收集正确信息提出了一个接近的相关问题：一旦我们知道如何从一个用户那里得到所需要的信息，我们如何确信还未从完全不代表市场中其他人的用户那里得到所有的信息？这种巨大的诱惑就是要花费非常多的信息预算用于研究众多用户，我们是被迫以一种相对肤浅的方式研究每一个用户。这样做让我们对资料的代表性感到放心，但不幸的是，这些资料对于揭示众多真实的品牌接触而言过于一般和肤浅。我们知道的事情就类似于"用户关心质量和可靠性"，而不知道用户如何从质量或可靠性中得出有价值的推断。单纯的质量不足以详细到作为一种有效的品牌接触。一种更好的方法是以足够的深度研究一个用户，然后在预算允许的范围内对众多用户进行操作。最终，微观主体必须把一些商业判断用于评估风险：被研究的用户可能不是市场的代表，但至少微观主体知道了一些用户的品牌接触。

有关品牌接触的最佳信息是广泛的、详尽的、新颖的、未过滤的。在理想的世界中，当用户体验我们产品或服务时，我们将获得用户的全部感官印象——视觉、听觉、嗅觉、触觉、味觉，从他们意识到产品或服务的那一刻开始，只有当产品或服务退出他们的意识，他们转向其他的事物时才结束。在这样一个完美的世界中，当他们的记忆被产品或服务的真实时间体验所触发时，我们将有足够复杂高深的技术去获得用户的记忆，并且，我们将获得基于真实时间体验的新记忆的形成。这种研究对于当今的技术水平是昂贵的，它不会经常进行。难得的是，有一些比完美的研究技巧更为实际的近距离接触。

所有的近距离接触是基于深入的访谈。但是，并不是所有的深入访谈都同等有效。与自省的、表达力强的、乐意合作的用户交谈是一种巨大的帮助，也是一个必要条件，这样就能努力在微观层面上获得对体验的详细解释，揭示出最丰富、最完整的一套品牌接触。

如果我们设计一种技术，去揭示一个用户可能告诉我们对于一个特定品牌接触的任何情况，我们将很可能在一个延长的时间内进行几个访谈。那样将给用户一个放松和热身的机会，搜寻一般结论之后的具体印象。这个过程同典型的一次性营销访谈相比，更类似于用户心理分析。一个用户对一个品牌一旦达成适当的和谐与自省，这个用户就可能用更少的时间告诉我们关于不太重要的品牌的所有情况。

幸运的是，如果做得好，即便是一次性访谈也能产生有效的结果。做好这件事至少需要采访者在自省方面能足够熟练地引导用户通过这个过程。我们可以继续寻找技能的细微差别和错误应用的风险，但现在要考虑问题的下一个分支：假定我们不能马上研究所有的用户，如何决定要研究哪一个用户？一个明显的考虑是，真正对我们的品牌具有某种体验——好或是坏——的用户比那些没有体验的用户能够告诉我们更多关于品牌接触的内容。因此，了解已经在销售的产品或服务的品牌接触比了解仍未发布的产品或服务的品牌接触要容易得多。如果我们仅仅是在规划阶段，就必须求助于与我们所规划的产品或服务非常类似的产品或服务的用户。他们可以告诉我们关于那些产品或服务的品牌接触，我们的市场微观主体必须对我们即将面世的产品或服务做出推断。我们能否有效地那样做部分地取决于用户所知道的与我们准备提供给他们的东西之间的类似程度。

假设我们足够幸运地掌握了当前产品或服务的用户，那么在我们对品牌接触的调查中将认真注意用户的选择。这些用户必须具有自我意识，能够自省，足以流利地向我们表达他们的想法，愿意帮助我们工作。

潜在客户挖掘访谈计划——以需求为中心

潜在客户就是目前还未成为现实的、但极有可能成为现实的客户。他们存在潜在的需求，只是因为需求不明显或目前没有认识到需求的重要性而没有表达。潜在的客户是企业之间竞争的主要对象。因为潜在客户的需求可能是巨大的，如何判断和准确把握客户的潜在需求？这里马斯洛的需求层次理论同样适用。因为根据马斯洛需求理论的假定，你能够从客户已有的、已经得到满足的层次去推断客户将来希望满足的层次。根据假定，人们被激励起来去满足一项或多项在他们一生中很重要的需求。更进一步地说，任何一种特定需求的强烈程度取决于它在需求层次中的地位，以及它和所有其他更低层次需求的满足程度。马斯洛的理论认为，激励的过程是动态的、逐步的、有因果关系的。在这一过程中，一套不断变化的"重要"的需求控制着人们的行为，这种等级关系并非对所有的人都是一样的。社交需求和尊重需求这样的中层需求尤其如此，其排列顺序因人而异。不过马斯洛也明确指出，人们总是优先满足生理需求，而自我实现的需求则是最难以满足的。潜在客户的需求同样按照马斯洛需求层次分布。

马斯洛的需求层次理论阐明人们究竟会重视那些目标，也说明了哪些类型的行为将影响各种需求的满足，但是对为什么会产生需求涉及得很少。这些理论也指出，大多数人都存在着较高层次的需求，而且只要环境不妨碍这些较高层次的出现，这些需求就能激励大多数人。根据这个理论，潜在客户的需求是可以被激发而且向高的层次发展，因此，对于潜在客户的访谈需要先判断客户的需求点在哪里，也就是说属于哪个层次的需求。如果是属于较高层次的需求，比较不容易满足，更需要从心理角度和自我实现的角度去获得客户的认可，而较低层次的需求则可以比较容易的方式引起客户的共鸣。

事实表明，个人和组织中的事件能够而且确实能改变需求。组织中的习惯做法会强烈地影响许多高层次需求的产生并给予满足。例如，根据过去胜任工作而给予的晋升能够激发员工的尊重需求。而且，随着管理人员在组织中的发展，安全需求逐渐减弱，而社交、尊重和自我实现的需求则相应增强。下面是需求层次理论的主要研究发现的概括：需求可以认为是个人努力争取实现的愿望。只有满足较低层次的需求，高层次需求才能发挥激励作用。因此，对于潜在的客户，他的需求可能是多个层面的，那么首先满足其低层次的需求，然后再满足其高层次的需求，则能够不断地吸引客户。除了自我实现，其他需求都可能得到满足，这时它们对于个人来说，重要性就下降了。在特定时间内，人可能受到各种需求的激励。任何人的需求层次都会受到个人差异的影响，并且会随时间的推移而发生变化。

访谈时间的黄金分割法

时间控制越来越成为管理者关注的焦点，而访谈的过程同样需要时间控制。因为访谈的成功因素之一就在于如何控制你的时间。一种极端的情况是，迟迟不说明白你的访谈目的，只是在不停地与客户攀谈，这样的访谈有两个最明显的害处：一是客户很反感，特别是对于那些成熟的客户，他可能已经猜到你的访谈目的，但觉得你迟迟没有转到正题上，于是客户对你的印

第二章 完美访谈的前奏——如何进行访谈前的各项准备

象大大降低，很有可能马上结束访谈，并表示再也不愿意与你有更进一步的合作。这种结果是最糟糕的，因为你已经失去了一个客户。所以，访谈是否成功，时间控制是相当关键的。另外一种结果可能没有那么糟糕，如果你的客户是一个健谈的人，他可能会花时间与你交谈，但是，他不提供有效的信息，那么，你的访谈也就变成了一次无目的性的谈话，在这种情况下，你的客户很可能掌握了访谈的主动权，从而让你耗费大量的时间和精力，最终也一无所获。

训练自己控制时间的能力，从点点滴滴开始学会控制自己的时间。下面是管理大师们总结出来的关于如何进行高效访谈的时间控制方法，运用这些方法来对访谈的时间进行有效的控制，你会发现持之以恒的效果是明显的，你越来越能掌握访谈的主动权，越来越能控制访谈的气氛。值得注意的是，没有所谓"最好的方法"。这些只是时间控制方面的黄金法则，但并不意味着照搬照抄就一定保证每次都能成功，不过这些方法对你们是有帮助的，关键在于与你的访谈充分结合起来。

在每一天的早上或是前一天晚上，把第二天的访谈事项厘出一个清单。你可能一天要拜访很多个访谈对象，他们都必须在第二天之内拜访完，对于进行客户访谈工作不久的你来说，可能是一件比较困难的任务。而怎样把它们都成功地完成好在于你的时间驾驭能力。把它们记录在纸上、笔记本上。在一天的工作过程中，要经常地进行查阅。比如，在开会前十分钟的时候，看一眼你的事情记录，如果还有一封电子邮件要发的话，你完全可以利用这段空隙把这项任务完成。当你做完记录上面所有事的时候，最好再检查一遍。特别是在你结束了前一个客户的访谈之后，在完成工作后通过检查每一个项目，你会体会到一种满足感。

把完成的工作用别的颜色笔删掉，接下来要做的事情记录在你的每日清单上面。如果你的清单上内容已经满了，或是某项工作可以改天来做，那么你可以把它算作下一天或下下一天的工作计划。你是否想知道为什么有些人告诉你他们打算做一些事情但是没有完成的原因吗？这是因为他们没有把这些事情记录下来。请记住，不要太过于相信你的记忆力！尝试着用笔和纸把要完成的访谈和时间期限记录下来，这种方法可以强迫你提高访谈的时间，尽量争取在尽可能少的时间内完成对客户的访谈，这样你就能够有更多的时间去开发新的客户，完成更多的访谈任务。时间控制的魅力也正在于此。

对当天没有完成的访谈工作进行重新安排。每天的任务难免有不能成功完成的情况，出现意外或者失败。你的客户可能将早已约好的访谈一推再推，导致你很难控制访谈的时间安排。怎么办？可能现在你有了一个每日的工作计划，而且也加进了当天要完成的新的工作任务。那么，对一天下来那些没完成的工作项目又将做何处置呢？这些问题也许已经让你焦头烂额，你可以选择将它们顺延至第二天，添加到你第二天的工作安排清单中来。但是，希望你不要成为一个办事拖拉的人，每天总会有干不完的事情，这样，每天的任务清单都会比前一天有所膨胀。如果的确事情重要，没问题，转天做完它。如果没有那么重要，你可以和与这件事有关的人讲清楚你没完成的原因。

制作一个表格，把本月和下月需要优先进行的访谈工作记录下来。这样能够很好地避免重要的客户不能最终进行访谈的情况。很多人都开始制订每一天的工作计划。但很少有人会把他们本月和下月需要做的事情进行一个更高水平的筹划。再次强调，你所列入这个表格的一定是你必须完成的工作。在每个月开始的时候，将上个月没有完成而这个月必须完成的工作添加入表。

把未来某一时间要完成的工作记录下来，你的记事清单不可能提醒你去完成在未来某一时间要完成的工作。比如，你告诉你的同事，在两个月内你将和他一起去完成某项工作。这时你就需要有一个办法记住这件事，并在未来的某个时间提醒你。其实为了保险起见，你可以使用多个提醒方法，一旦一个没起作用，另一个还会提醒你。

把做每件事所需要的文件材料放在一个固定的地方。随着时间的推移，你可能会完成很多工作任务，这就要注意保持每件事的有序和完整。我一般会把与某一件事有关的所有东西放在一起，这样当你需要时查找起来非常方便。当我彻底完成了一项工作时，我会把这些东西集体转移到另一个地方。我只有一个装文件的抽屉。我总是把新用完的工作文件放在抽屉的最前端，当抽屉被装满的时候，我会清除在抽屉最后面的文件。换句话说，建议保持有一个抽屉的文件，总量不会超出这个范围。有的人会把所有的文件都保留着，这些没完没了的文件材料最后会成为无人问津的废纸，很多文件可能都不会再被人用到。我在这里所提到的文件材料并不包括你的工作手册或是必需的参考资料，而是那些用作积累的文件。当然，有的时候，我也会去查找用过的文件，它们虽然经过了我的清理，但原稿我会一直保留在计算机里。定期备份并清理计算机，我对保存在计算机里的文件的处理方法也和上面所说的差不多。我猜想，你保存在计算机里的 95% 的文件打印稿可能还会在你的手里放 3 个月。我定期地备份文件到 U 盘上，并马上删除机器中不再需要的文件。

在访谈的过程当中，你要有意识地运用以上的时间控制方法来提高访谈的效率。另外，还要提醒你的是，访谈当中客户是主角，因此，应尽可能地多留时间让客户表达自己的想法。他是倾诉者，你是聆听者，在访谈当中的交谈时间黄金控制应是 60∶40，而且要让你的话语达到 80∶20 的效果，就是你说得很少，但是能够产生很大的效应，不妨让客户多说，多表达自己的想法，可能客户说的占了 80% 的时间，而其中有用的信息只有 20%。但是，你发挥的 20% 才是关键。要把握好这 20% 的时间，这很少的时间能带给你 80% 的效益。因为客户在充分表达之后，得到了认可、尊重，反过来他也会尊重你，于是你说的话要少而精。让客户花上 100% 的精力去聆听，你就是成功的!

除了时间控制之外，如果你发现自己比较容易拖延，那么克服拖延的习惯也是重要的，因为拖延会极大地降低你的效率。克服拖延的习惯可以从以下几点出发：首先访谈要有良好的组织；由重要的访谈开始着手工作，建立自信；建立一个报酬时间表；培养紧急的意识，每说一句话都要事先想好，认真思考它的作用；以快节奏工作；一旦开始，不要停止；订出一段特定的时间工作；从最糟的事情开始；有详细的计划；不可找借口；设定截止期限。这些都有助于你提高自己的时间效率。

如何成为提问大师

访谈中提问是必不可少的。通过提问你可以了解用户的需求、用户的关注点和用户的疑虑，因此，掌握发问的技巧和懂得如何提问对于访谈人员来说是重要而且必要的。你懂得主动发问，得到的效益包括：更加清楚收集到客户的相关咨询，确实掌握他的需求；引导客户思考，并体验到我们产品或服务所能带给他的好处。

提问的方式多种多样，你需要根据个人的交流风格以及交流的情境，特别是对方的特点来确定和选择。下面为读者提供有关提问的多种方式，这些内容的介绍当中结合了访谈人员的实际经验，通过学习和思考相信一定可以提高你的提问能力。

1.开放式问句的使用。开放式问句指的是对方可以根据我们的问题做许多方面的回答，以及没有一定的标准答案，也不是只回答"是"或"不是"的答案。下面这些都属于开放式的问句："您对保险的看法如何？""您在买房子时会考虑哪些因素？""您有没有注意到，现在的环境品质不断在恶化，而且有越来越多的有害物质危害到我们的健康，对于这点，您有什么看法？"为什么要使用开放式的问句，何时使用开放式的问句较为合适呢？使用开放式问句可以帮助我们在最轻松没有压力的状况下，建立客户对我们的信任。而且开放式问句可以让客户多说话，打开彼此的话匣子，建立良好的互动关系。让客户知道我们是真的重视他，愿意听他说话，并且在乎他的想法和看法。让客户知道我们真地关心他，并且站在他的角度为他设想。取得对方的信息与客户的想法，当我们掌握越多的资讯与客户想法，我们就能精确知道对方的需求，以及提高成交率。

2. 封闭式问句的使用。相对于开放式问句，封闭式问题就是针对特定的范围进行提问，主要的目的在于引导客户注意到我们想要强调的重点，引发对方朝我们希望的方向思考。使用封闭式问句更有助于确认客户的需求和锁定客户的需求范围。比如，我再确认一次："就您的谈话，'安全性'和'性能'是您选择车最重要的两个考虑，是不是？您喜欢住在靠市区近些的地方或是郊区？您希望花费不要超过十万元，是吧？基本上，您也同意这个产品的"价值"是吗？也就是说，如果你能得到一个您觉得更合理的价格，您会立即决定购买是吗？"

这些都属于封闭式的问句，答案是非常明确的，这样的问题有助于帮助客户明了自己的需求，从而提高交流的效率和效果。但是不利之处在于，客户可能会感觉到你的倾向性，做出不够真诚的回答。特别是更多的时候，封闭式的问题限制了客户的思维。

3. 预设性问题。以预设的问题引导与创造客户的需求。客户的需求是需要引导的，提问式的引导方式能让客户进行思考。比如"您一定同意能有辆安全性高、乘坐起来有相当舒服的车子是很棒的情况，对吧？""您现在一定发觉到这间房子的采光真的棒透了，对不对？""很多公司并不重视他们文件的品质和所花的成本，甚至不知道当他们影印的文件送到客户手上时，都代表着他们公司的形象，关于这点，我相信像您这么重视形象的公司，一定非常注意吧？""您一定能够想象如果有台微波炉，随时随地都能热东西煮东西该有多么方便？""您一定明白光靠您现在的收入，可能终其一生都没办法完成一栋别墅的梦想是吗？因此，要完成梦想，就一定要寻求改变的机会，不是吗？"

预设性打破客户对现状的满意，为我们自己创造更多的销售机会。我知道你对目前使用的产品相当满意，然而，科技日新月异，人们也总是不断寻求更有效的、更划算的产品，如果我能证明我们的新产品效果又快又好、价钱又便宜，您是不是应该考虑一下呢？我了解以您的眼光，目前所选择的保养品一定是品质最棒的，但是如果我能提供您一样品质与效果的产品，价格却便宜了三成以上，以及提供您更好的保证与服务，您愿意给我一个机会，利用十分钟的时间向您解说一下吗？你不认为根据这卷录音带的品质，尝试一下我们最新型的"销售训练"，可能会带给您的业务人员全新的感受，以及意想不到的收获与帮助吗？这样的方式更能打动客户。

　　除了使用不同的提问方式外，你还需要注意让自己的每次提问都是有效的。首先，让你的问题更加有效简单易懂，不会造成客户的混淆。在你提问之前，多问自己几个是不是。比如我的提问是不是能引导客户思考到我们的产品和提供的服务。是不是能有效引导客户打破现有的满足感，而愿意接受新咨询，或是新观念。是不是依照客户的兴趣，让他想继续进一步了解下去。是不是能帮助我们朝向成交更前一步。是不是能帮助我们有效探寻客户的需求，让我们更进一步掌握客户的状况。是不是为我们后面介绍商品做好铺路的动作。是不是让客户感觉到满足需求的迫切感与重要性。是不是让客户感受到需求不被满足是可能造成的损失或危害。这些都是重点和需要注意的地方。

　　为了做到有效提问，你还应该了解问问题时应避免的方面，以防引起客户的误解、反感等不良情绪，对于访谈顺利进行造成不利。例如，不要问过于隐私的问题，因为个人隐私是每个人都觉得比较敏感的话题，如果处理得不好反而容易引起不必要的误解。不要问到具有挑战性或是攻击性的问题，这样会让你的客户感到害怕，没有安全感；不要质疑客户的诚实度，尽管他的回答并不诚实或不是我们想要的；不要把自己当作法官在问口供；不要将客户逼得太紧，给他一点时间思考；不要出现咄咄逼人、非答不可的感觉；不要过于直接、让客户强烈感觉到"推销"的意味。总之，应尽量避免提问中出现让对方觉得尴尬。

　　提问的另一个技巧是，如果你的客户拒绝回答，怎么办？拒绝给答案的处理方式一定要自然。重复与同意客户的困难点，并反过来假设他没有这个困难点会怎么样。然后，不妨用这样几个问题来缓和气氛："我知道你不知道，但是如果你知道的话，你会选择哪一种？我知道你还没选择要买，但如果你决定的话你会要哪一种？""我知道你的预算可能不足，但如果你有足够的钱时，你会选择哪一间？""我知道你不能决定，但是如果你可以决定的话，你比较中意哪一种机型？"这样的问题能够引起客户的进一步思考，转移客户的注意力。

如何抓住每条线索

访谈人员在访谈的过程中要懂得做个有心人，从客户的每个细节、每条线索来挖掘其潜在的挖掘需求的策略，销售是满足需求的过程。真正的销售员有能力阐述一项产品或服务如何满足顾客的需要。为了做到这点，你首先必须面对问题，以便知道顾客真正的需求。

在你与准客户的对话中要避免一种全知全晓的态度。如果你一进门就一副什么都知道的样子，你的信用将遭到质疑。人们需要的是能够针对他们的问题、帮助他们解决的人，而不是只告诉他们做些什么。协助准客户告诉你事情。如果你和准客户在谈话时，是诚恳友善的，等于鼓励准客户尽量和你谈。信赖是一条双向道路，你透露一些事情给某人，某人也会透露一些事情给你。分享你的想法和关心点，准客户也会分享他们的想法给你。

第三节

如何进行谈判——克服访谈的拦路虎

谈判的基本原则

与客户谈判最终的目的是达成双赢。现代社会讲究的是互相的信任、合作。既有竞争，竞争体现在谈判的过程中，但也需要合作。谈判在商业谈判上要想获得最佳结果，就要采行某些强硬策略，但最有效的策略并不是强硬的态度，而是要求对方提出更好的条件。这里专家们为你在客户交往中提供几项策略，可帮助你进行更有效的谈判。

通常的原则是不要把对方当成"敌人""对手"，把冲突当作相互了解和成长的机会；认为妥协比胜利更重要，寻求满足谈判各方需求的途径，达成双赢的局面；掌握付出与预期收获的内容、时机与分量，割舍你想要的，留住你需要的。① 知己知彼：考虑自己可以妥协的部分、对方的立场和目标；② 认清立场：你的立场、理由、观点，让别人认识到；③ 需要和欲求的区分：必须坚守的和可以放弃的，及其变通办法；④ 谈前会面：建立好的谈判气氛；点明主题；⑤ 倾听：遣词用字、细节、音调、重复的观点；⑥ 观察：⑦ 了解对方的真实意图；⑧ 表达方式：说出你现在和将来想要的，对双方都是有利的；再度倾听：听对方的需要；⑨ 再度表达：复述你的了解；陈述你的立场；求同存异，一个问题一个问题地解决；让谈判继续下去；不要破坏谈判。

谈判策略——带一点疯狂。与客户进行谈判需要策略，需要根据具体的情况采取相应策略。但不妨以奇招、怪招来吸引客户的注意，只要在合理的范围之内。酌量情势，表现一点吓唬式的情绪化行为。必要时，可以提高嗓门、逼视对手、甚至跺脚，这一招或许可以让对手为之气馁，但可显示你的决心。给自己留些余地：提出比预期达成目标稍高一点的要求，就等于给自己留些妥协的余地。记住：目标订得高，收获便比较多。担忧的时候，不妨装得小气一点。让步要慢，并且还得带点勉强的样子。由小让步获致的协议，对你有利，因为这可显示你的热忱。

不要用"大权在握"的口吻。告诉客户，你无权做最后决定，或是你能做的最后决定有限，便能让你有时间思考、坚持以及充分了解对方手里的底牌。这样并不会让你的客户看不起你，反而会有别的效果。这样做的最大好处是，为谈判的对方提供一项不失面子的让步方式；他能接受你的处境，而自己也不致看来像是一个失败的谈判者。这里，不要轻易亮出你的底牌，对你掌握谈判的主动权有很大帮助。对手对你的动机、权限以及最后期限知道得越少越好，但尽可能了解对手这方面的资料。

伺机喊暂停，当心快速成交。如果谈判即将陷入僵局，不妨喊"暂停"，告诉对方你要跟你的经理、总部有关部门或专家磋商。如此的"暂停"可以让对方有机会怀疑和重新考虑，而且让你有机会重获肯定的谈判地位，或者以一点小小的让步，重回谈判桌。谈判进行得太快，就没有时间了解全貌，以致来不及细加思考而亮出自己的底牌。除非你的准备工作做得非常好，而对方则毫无准备，否则最好让自己有充分的思考时间。

出其不意，采取"兵临城下"的大胆做法。在谈判过程中，突然改变方法、论点或步骤，以让对方折服、陷入混乱或迫使对方让步。这种策略可以简单到改变一下说话的声调、语气，或戏剧性的勃然生气等，都可以让对方措手不及而软化立场：对对手大胆地威迫，看对方怎么反应。这一招自然带点冒险性，但可能非常管用，可以迫使对方接受修改的合同，或是重开谈判。

注意"预算战略"：客人会运用预算战略来迫使你让步。比如，"我真的喜欢你的产品，而且也真的有此需要，可惜我没有能力负担。您的策略是如果真的预算不够，可以减少站点、模块，或者降低服务要求，部分实施由客户自己做，或者让他选择其他产品，或者您跟他一起找他的上级追加预算。"

集沙成塔，小利也是利：纵使是对方小小的让步，也值得你争取。在整个过程中，小小的让步（某项要求不提了，或留待以后再说）就对方而言或许算不了什么，但对你可能非常重要，说不定对方举手之劳，就能为你省下不少时间和麻烦。

要有耐心、耐性：不要期望对方立刻接受你的新构想。坚持、忍耐，对方或许终将接纳你的意见。同时，不要逼得对方走投无路：总要留点余地，顾及对方的面子。所谓成功的谈判，应该是双方愉快地离开谈判桌。谈判的精髓是没有哪一方是失败者，双方都是胜利者。

成功谈判者的特质

成功的谈判者不是天生的，而是历练出来的。当你自己发现自己走不出过去的经验圈子，经常工作没有起色的时候，就该问问自己，是否犯了一些不该犯的错误？是否身上已经具有一些不该有的错误？比如不够成熟的谈判者往往会放弃太多的好处和利益，承担过多的工作、责任与风险。不仅使自己付出昂贵的经济代价，而且丧失了谈判对手的信任，使公司的名誉受损。

另外，对谈判策略的错误认识往往也阻碍了你正确地把握谈判。一般的谈判策略使得人们处于两难，他们看到的只有软弱或强硬两种谈判方式。软弱的谈判者希望避免冲突，随时准备为了达成协议而让步。他希望圆满达成协议，却总是由于对方的挤压而深受其苦。强硬的谈判者把任何情况都看成一场意志力的比赛，他认为在这种比赛中，立场越强硬的人，最后获得的也越多。他希望赢，然而经常造成对方同样的强硬回应。这种回应使得双方精疲力竭，并使双方的关系因而破裂。其他的谈判策略则介于两者之间，试图在获得想要的和不伤和气之间，获得某种折中。你忽略的是——还有第三种谈判方法，既不是软磨，也不是硬泡，但却可以说是既唱红脸，又唱白脸。由理性谈判工作方发展的这种理性化谈判通过双方的道理所在寻求突破点，而不是一场固执己见的讨价还价。它要求你每时每刻发现双方的共同利益，以及你们的冲突所在，你必须让谈判结果基于某些公平的标准。理性谈判的原则是在道理、原则上要硬，在双方人际关系上必须软。理性谈判让你得到想要的东西而不失大家风范，它让你公平有理同时又能保护自己的公平不受对方的利用。

因此，要成为成功的谈判者，你需要学会理性的谈判。成功的理性谈判，是当双方离开谈判桌时，彼此都是赢家。在理性谈判的基础上学会如何让步是成功的谈判者应具备的重要素质。让步是一种艺术，单纯地表达自己并不能很好地引起共鸣，而让步反而能够让你懂得如何与别人合作，让步反而能让别人主动地发现你的优点，因此，要成为一名成功的谈判者，学会让步的策略是一门重要的课程。

我们认为，在利益冲突不能采取其他的方式协调时，客观标准的让步策略的使用在商务谈判中会起到非常重要的作用。成功让步的策略和技巧表现在谈判的各个阶段，但是，要准确、有价值地运用好让步策略，但总体来讲必须服从以下原则：

1. 目标价值最大化原则

应当承认，在商务谈判中的很多情况下的目标并非是单一的一个目标，在谈判中处理这些多重目标的过程中不可避免地存在着目标冲突现象，谈判的过程事实上是寻求双方目标价值最大化的一个过程，但这种目标价值的最大化并不是所有目标的最大化，如果是这样的话就违背了商务谈判中的平等公正原则，因此也避免不了在处理不同价值目标时使用让步策略。不可否认在实际过程中，不同目标之间的冲突是时常发生的，但是在不同目标中的重要价值及紧迫程度也是不相同的，所以在处理这类矛盾时所要掌握的原则就需要在目标之间依照重要性和紧迫性建立优先顺序，优先解决重要及紧迫目标，在条件允许的前提下适当争取其他目标，其中的让步策略首要就是保护重要目标价值的最大化，如关键环节——价格、付款方式等。成功的商务谈判者在解决这类矛盾时所采取的思维顺序是：① 评估目标冲突的重要性、分析自己所处的环境和位置，在不牺牲任何目标的前提下冲突是否可以解决；② 如果在冲突中必须有所选择的话区分主目标和次目标，以保证整体利益的最大化，但同时也应注意目标不要太多，以免顾此失彼，甚至自相混乱，留谈判对手以可趁之机。

2. 刚性原则

在谈判中，让步策略的使用是具有刚性的，其运用的力度只能是先小后大，一旦让步力度下降或减小则以往的让步价值也失去意义；同时谈判对手对于让步的体会具有"抗药性"，一种方式的让步使用几次就失去效果，同时也应该注意到谈判对手的某些需求是无止境的。必须认识到，让步策略的运用是有限的，即使你所拥有的让步资源比较丰富，但是在谈判中对手对于你的让步的体会也是不同的，并不能保证取得预先期望的价值回报。因此，在刚性原则中必须注意以下几点：① 谈判对手的需求是有一定限度的，也是具有一定层次差别的，让步策略的运用也必须是有限的、有层次区别的；② 让步策略的运用的效果是有限的，每一次的让步只能在谈判的一定时期内起作用，是针对特定阶段、特定人物、特定事件起作用的，所以不要期望满足对手的所有意愿，对于重要问题的让步必须给予严格的控制；③ 时刻对于让步资源的投入与你所期望效果的产出进行对比分析，必须做到让步价值的投入小于所产生的积极效益。在使用让步资源时一定要有一个所获利润的测算，你需要投入多大比例来保证你所期望的回报，并不是投入越多回报越多，而是寻求二者之间的最佳值。

3. 时机原则

所谓让步策略中的时机原则就是在适当的时机和场合做出适当适时的让步，使谈判让步的作用发挥到最大、所起到的作用最佳。虽然让步的正确时机和不正确时机说起来容易，但在谈判的实际过程中，时机是非常难以把握的，常常存在以下几种问题：

① 时机判定不准。例如，谈判的对方提出要求时就认为让步的时机到了；

② 对于让步的随意性导致时机把握不准确，在商务谈判中，谈判者仅仅根据自己的喜好、兴趣、成见、性情等因素使用让步策略，而不顾及所处的场合、谈判的进展情况及发展方向等，不遵从让步策略的原则、方式和方法。这种随意性导致让步价值缺失、让步原则消失，进而促使对方的胃口越来越大，在谈判中丧失主动权，导致谈判失败，所以在使用让步策略时千万不得随意而为之。

4. 清晰原则

在商务谈判的让步策略中的清晰原则是：让步的标准、让步的对象、让步的理由、让步的具体内容及实施细节应当准确明了，避免因为让步而导致新的问题和矛盾。常见的问题有：① 让步的标准不明确。使对方感觉自己的期望与你的让步意图错位，甚至感觉你没有在问题上让步而是含糊其辞。② 方式、内容不清晰。在谈判中你所做的每一次让步必须是对方所能明确感受到的，也就是说，让步的方式、内容必须准确、有力度，对方能够明确感觉到你所做出的让步，从而激发对方的反应。

5. 弥补原则

如果迫不得已，己方再不做出让步就有可能使谈判夭折的话，也必须把握住"此失彼补"这一原则。即这一方面（或此问题）虽然己方给了对方优惠，但在另一方面（或其他地方）必须加倍地，至少均等地获取回报。当然，在谈判时，如果发觉此问题己方若是让步可以换取彼处更大的好处时，也应毫不犹豫地给其让步，以保持全盘的优势。

在商务谈判中，为了达成协议，让步是必要的。但是，让步不是轻率的行动，必须慎重处理。成功的让步策略可以起到以局部小利益的牺牲来换取整体利益的作用，甚至在有些时候可以达到"四两拨千斤"的效果。

以上内容可称为谈判者的修炼法则，每一个进步和成功都是与平时每一次的谈判分不开的，只有在谈判过程中不断学习、进步、提高，才能朝着成功谈判者的方向迈进。

谈判前的准备工作

准备是否充分往往能够决定最后的成功。一次谈判大致划分为三个阶段：计划与准备阶段、面谈阶段、后续收尾阶段。

讲到谈判，虽然大多数人总联想到面谈，但计划与准备阶段是这三个阶段里最关键的。一个典型的谈判其结果如何，往往有 50% 就在你和客户见面之前就已经决定了。在每一次谈判之前做好充分的计划与准备，是我们取得良好谈判结果的基石。谈判的计划与准备阶段涉及以下几项内容。把握好这几项内容，就能有的放矢地做好必要而充分的准备工作。

一、确定谈判目标

1. 知道自己需要什么：如果没有事先考虑好自己应该从谈判中得到什么就开始进行谈判。那么谈判结束后：你可能会带着很多遗憾离开，包括失去客户的信任、丧失了下次访谈的机会等；你可能会放弃有价值的项目代之以得到无价值的东西而告终。因此谈判结束时，对自己需要得到什么应该有一个明确的设想。

2. 知道自己为什么需要它。对你而言，得到的结果对你有什么用。虽然结果尚未明确，但弄清楚你想得到的东西的原因是什么，可能会有助于你达到你隐蔽的目的。即使这些原因你未曾有意识地去考虑。有了详细清楚的考虑，会帮助你明确自己真正想要的是什么，从而帮助你实现目标。

3. 但同时你也要做好最坏的心理准备：如果没有实现自己的目标，将会发生什么事情？

如果没有得到自己想要的结果，可能发生的最坏的事情是什么？自己如果能够接受，或者说当你明白会发生什么时，或许你能找到解决问题的其他方法。

4. 知道自己首要考虑的事：将自己在谈判当中想要得到的全部目标分解成若干组成部分，考虑一下：哪一部分首先考虑；哪一部分其次考虑；哪一部分最后才考虑。

5. 问问自己：自己不能接受的是什么？在谈判中，也许有些条件是自己无论如何也不能接受的。如果谈判将迫使你要超越出这些原则性的限度，也许你就不值得再花时间和精力继续下去了。

6. 知道自己的谈判界线是最关键的。在谈判中，你能做的最有价值的事情之一就是弄清自己在谈判中的界线。这样你就可以知道，谈到什么时候你应终止谈判；什么时候可以说"是"，什么时候可以说"不"；什么时候态度必须强硬；什么时候可以离开谈判桌结束谈判。也就是说，如果到了这个界线，你可以考虑自己应该去做什么了。

7. 为自己设定谈判的顶线目标、现实目标、底线目标：当你知道自己想要什么、不想要什么、什么对自己最重要时，你就可以开始为自己拟定谈判中顶线、现实、底线目标。这些目标是你将希望达到的结果和拥有的活动范围具体化的一个方面。

顶线目标是获得你真正想要的一切。在一个理想的状态下，你有可能实现它。现实目标是实际上你希望得到的结果，不同的谈判对象，其结果可能不同。底线目标是你的底线。当谈判达到这条界线时，你应该终止谈判，离开谈判桌。

8. 自己能做出什么让步：谈判就是充满讨价还价、妥协、让步。为了得到自己所想要的结果，就要做出一些让步。所以应考虑你准备做出什么让步来实现自己所希望的谈判结果，这时应该弄清：（1）我必须拥有什么？什么东西我不准备做出任何让步？（2）什么对我来说不重要？（3）我有什么必须拿去作为交换条件而准备放弃的呢？

二、认真考虑对方的需要

谈判的准备工作不能仅仅考虑自己的要求和需要，同时也要考虑谈判的对方可能需要什么。这时需要你做一个换位思考，站在对方的位置上来考虑问题。如果你是对方，在谈判中你需要什么，你为什么需要它，你需要得到这个结果背后的原因可能是什么，什么问题对你来说最重要，你首要考虑的是什么，什么问题你不能做出丝毫让步，对你来说最糟糕的结果可能是什么，你的顶线、现实、底线目标是什么，你准备拿来交换的是什么，你可能会失去什么，你为了支持你的立场可能会提出哪些问题，你是否有足够的事实数据或信息来支持你的立场与观点。虽然你不能准确地回答上述问题，但经过仔细考虑和推测这些问题，你就能更好把握谈判的进程与方向。

三、评估相对实力和弱点

你可能做出的让步和你能够交换的项目取决于你在谈判中的实力和弱点。实力是指可以对对方的行动施加的支配力或影响力，其形式为：

1. 决策权威，你拥有做出正式决策的权力吗？
2. 专家权，对讨论的问题你具有丰富的知识吗？
3. 对讨论的问题你是否有充裕的时间？
4. 你的决心与毅力；
5. 你是否做有充分的准备？
6. 你是否具有丰富的谈判经验？
7. 你是否拥有内部消息？
8. 你是否认识某个能影响谈判结果的人？
9. 你拥有使用某些制裁或施压的权力吗？

在评价实力和弱点时应注意：只有双方都认识它的存在并对它的使用程度持有相同看法时，支配力才发生作用。如果你比对方强大，而且双方都知道，那么你在谈判中利用一下这种优势，就会使对方意识到不对你的建议做出让步的后果。如果你比对方强大，对方不知道，那么你的支配力就不能发挥作用，如果你有弱点对方不知道，那么你就比你想象的强大。熟练的谈判者善于使用其支配力来影响和说服对方，而不是利用这种支配力来打败对方。经验丰富的谈判者在充分利用对方弱点之前，会详思再三，意识到一起共事的必要性，会使对方都增加谈判信心。谈判技巧不能代替谈判实力。谈判技巧只能带来一时的优势。

四、制订谈判策略

制订好你的全部战略是谈判准备工作的重要组成部分，其重点如下：

1. 第一次会面时，我们应当提哪些问题？2. 对方可能会提哪些问题？我们应如何回答这些问题？3. 我们是否有足够的事实数据和信息来支持我方的立场？如果没有，应增加哪些信息？4. 我们应当采取什么样的谈判风格？5. 选择谈判地点、时间；6. 如何开局？7. 以前的谈判可能对这次谈判产生怎样的影响？8. 谈判所在地的习惯、风俗可能和怎样影响彼此？

五、团体间谈判还应做哪些准备

1. 由谁来主谈？2. 由谁来确认理解程度？3. 由谁来提问？提什么样的问题？4. 由谁来回答对方的问题？5. 由谁来缓和紧张气氛，表示对他人的关心？

谈判技巧的开发

"熟能生巧"这个道理同样适用于谈判。当你久经谈判的考验，积累了多年的客户谈判经验，你对客户的了解、对客户谈判的把握肯定非常自信。这些技巧的获得和积累是以大量的失败教训作为代价的。那么，对于一般的客户谈判人员来说，特别是那些接触客户谈判不久的读者，可能这个方面的经历是一片空白，怎样才能迅速地以较低的代价和成本获得较多的经验？听听过来人的说法是比较有效的一种方法。你可以通过向组织里的其他有经验的同事学习来争取机会提高和实践。下面要为读者介绍的就是来自不同行业的资深客户谈判人员的经验，相信对希望尽快地掌握谈判技巧的读者会有所帮助。

谈判前，要对对方的情况做充分的调查了解，分析他们的强弱项，分析哪些问题是可以谈的，哪些问题是没有商量余地的；还要分析对于对方来说，什么问题是重要的，以及这笔生意对于对方重要到什么程度等。同时也要分析我们的情况。

假设我们将与一位大公司的采购经理谈判，首先我们就应自问以下问题：有哪些敏感的问题不要去碰？应该先谈什么？我们了解对方哪些问题？自从最后一笔生意，对方又发生了哪些变化？如果谈的是续订单，以前与对方做生意有哪些经验教训要记住？与我们竞争这份订单的企业有哪些强项？我们能否改进我们的工作？对方可能会反对哪些问题？在哪些方面我们可让步？我们希望对方做哪些工作？对方会有哪些需求？他们的谈判战略会是怎样的？列出一份问题单，要问的问题都要事先想好。

不少商务谈判因缺乏谈判技巧而失败。进出口商通过培养倾听和提问的能力，通过掌握上述的技巧，就可以在谈判中掌握主动、获得满意的结果。谈判是一种既高超又细腻的技巧。这种技巧之灵活运用与发挥固然有较长时间的经验与演练，但其基本要领的掌握却可透过讲解而获得。现将谈判的一般要领简介如下，以供读者参考。

当你自认处于上风时，谈判一开始你即"狮子开大口"，不是为了吓唬谈判的客户，而是为了让你处于谈判的制高点，然后再略做退让，以便获得较大的好处；当你自认居于下风时，谈判一开始即提出适度之要求，然后坚持这个要求，不轻易退让；倘若你不易知对手之虚实，或者不了解谈判事务之真正价值，则先让对手提出建议；应对自己做高度评价，因为自信心是最佳的力量；应迁就目标，不应迁就自我。

如何在谈判的过程中控制自己的感情也是一项重要的技巧。在谈判过程中，应将眼光摆在所追求的目标上，不应因个人情绪之牵扯而将注意力转移到与目标之实现无关的事物上；显示合作与友善的态度，以防谈判对手实行无理性的回应；对谈判对手之提议采取开放态度，但同时维持非承诺之局面；在提出"不合情理的要求"时，应显示客气的与坚定的态度，以便获致谈判对手较大幅度的退让；假如你无法单独由谈判中获得利益，则设法与可获共同利益者联手或结盟；切忌轻视谈判对手，在谈判之前应先设法了解他（们）的动机、心绪、态度、目标、强处、弱处，以及道德感；探索谈判对手之需要，不要假定他(们)的目标与你的相同；掩饰你的谈判策略以及谈判成败所可能引致之利害得失，以收敌明我暗之效。

在谈判过程中一旦发觉已获致意想中之效果，则设法尽快结束谈判；在严重的谈判开始之前，尽早以琐碎的事物与谈判对手交手，以测验其谈判技能；争取有利于自己的谈判环境，例如，由自己主动提出谈判时间、地点、程序，以及由自己布置谈判场所；在谈判之前应深入演练防御性论点及攻击性论点，以避免遭受谈判对手之奇袭而束手无策；万一在谈判中途迷失了自己，则应立即要求对方澄清有关的一切，千万别令对方故意导你入歧途；细心研判谈判对手是否拥有最终决策权。如对手并无最终决策权，则尽量逼其退让；如对手拥有最终决策权，则自己可以适度地退让；应令自己的承诺显得坚定不移，但承诺之内容应留修正之余地；避免逼使谈判对手走上无回旋余地的死胡同。尽量引入新的办法或方向以令对手逐渐趋近你自己的目标；设法令谈判对手所追求之目标显得无足轻重；如果谈判过程中所达成的若干协议对你有利，则要求立刻以书面载明有关协议，以避免空口无凭或对手变卦。

技巧是因人而异的，这一点也希望参加客户谈判的朋友们牢记。也许在别人那里这是一项关键的技巧，但是并不代表在你这里也能运用和发挥到最好的结果。因为技巧需要与个人的能力特长等结合起来。

第三章

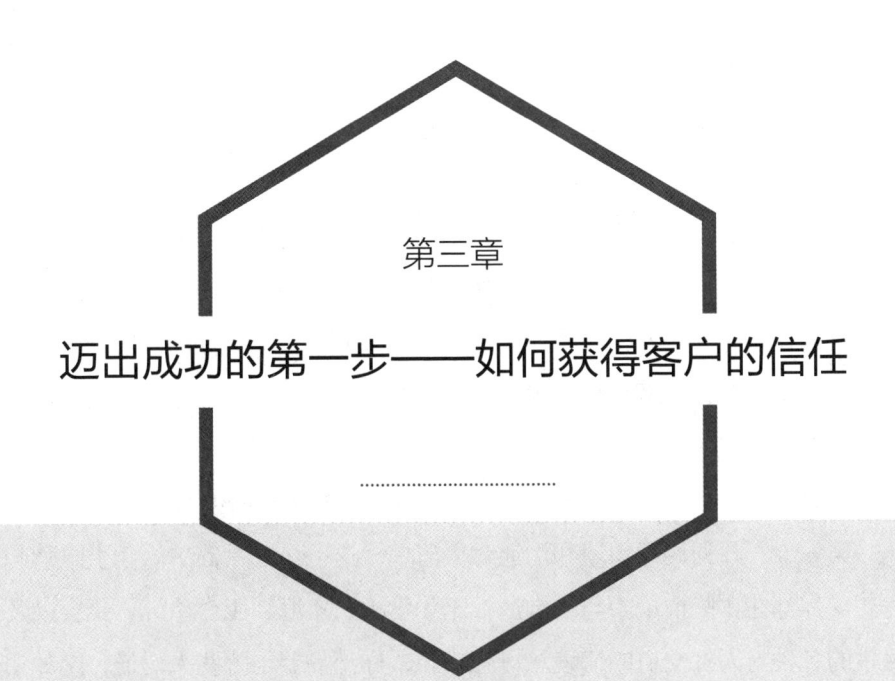

迈出成功的第一步——如何获得客户的信任

第一节

信任从沟通开始

如何进行充分沟通

访谈人员的沟通能力是制约客户访谈质量高低的重要因素之一。沟通能力并非天生，后天学习和训练的作用更大。那么访谈人员应从哪里入手去提高自身的访谈能力呢？提高沟通能力无非是两方面：一是提高理解别人的能力，二是增加别人理解自己的可能性。这两点都做到了，沟通能力的提高也指日可待。研究人际沟通学的专家学者们经过研究，提出了一个提高沟通能力的一般程序，这些程序也可用于指导访谈人员提高自身的沟通能力。

第一步，开列沟通情境和沟通对象清单。这一步非常简单。闭上眼睛想一想，你都在哪些情境中与人沟通？比如学校、家庭、工作单位、聚会以及日常的各种与人打交道的情境。再想一想，你都需要与哪些人沟通，比如朋友、父母、同学、配偶、亲戚、领导、邻居、陌生人等。开列清单的目的是使自己清楚自己的沟通范围和对象，以便全面地提高自己的沟通能力。对于访谈人员来说，沟通的对象非常复杂，但都有一个共同的特点——都是自己的客户。因此，沟通的最大原则是尊重和理解客户的需求。

第二步，需要你客观地评价自己的沟通状况。在这一步里，问自己如下问题：对哪些情境的沟通感到愉快？对哪些情境的沟通感到有心理压力？最愿意与谁保持沟通？最不喜欢与谁沟通？是否经常与多数人保持愉快的沟通？是否常感到自己的意思没有说清楚？是否常误解别人，事后才发觉自己错了？是否与朋友保持经常性联系？是否经常懒得给人写信或打电话？客观、认真地回答上述问题，有助于了解自己在哪些情境中、与哪些人的沟通状况较为理想，在哪些情境中、与哪些人的沟通需要着力改善。在这一步中，访谈人员最好结合自己失败的访谈经历，总结自身失败的原因，才能比较客观地评价自己的沟通能力。

第三步，访谈人员还要评价自己的沟通方式。在这一步中，主要问自己三个问题：① 通常情况下，自己是主动与别人沟通还是被动沟通？② 在与别人沟通时，自己的注意力是否集中？③ 在表达自己的意图时，信息是否充分？主动沟通者与被动沟通者的沟通状况往往有明显差异。研究表明，主动沟通者更容易与别人建立并维持广泛的人际关系，更可能在人际交往中获得成功。沟通时保持高度的注意力，有助于了解对方的心理状态，并能够较好地根据反馈来调节自己的沟通过程。没有人喜欢自己的谈话对象总是左顾右盼、心不在焉。在表达自己的意图时，一定要注意使自己被人充分理解。沟通时的言语、动作等信息如果不充分，则不能明确地表达自己的意思；如果信息过多，出现冗余，也会引起信息接受方的不舒服。最常见的例子就是，你一不小心踩了别人的脚，那么"对不起"就足以表达你的歉意，如果你还继续说："我实在不是有意的，别人挤了我一下，我又不知怎的就站不稳了……"这样啰嗦反倒令人反感。因此，信息充分而又无冗余是最佳的沟通方式。

在以上几步都完成了之后，下一步你该制订、执行沟通计划。通过前几个步骤，你一定能够发现自己在客户访谈哪些方面存在不足，从而确定在哪些方面重点改进。比如，沟通范围狭窄，则需要扩大沟通范围；忽略了与客户的联系，则需写信、打电话；沟通主动性不够，则需要积极主动地与人沟通，等等。把这些制成一个循序渐进的沟通计划，然后把自己的计划付诸行动，体现于具体的生活小事中。比如，觉得自己的沟通范围狭窄，主动性不够，你可以规定自己每周与两个素不相识的人打招呼，具体如问路，说说天气等。不必害羞，没有人会取笑你的主动，相反，对方可能还会在欣赏你的

客户访谈成功的秘诀

勇气呢！在制订和执行计划时，要注意小步子的原则，即不要对自己提出太高的要求，以免实现不了，反而挫伤自己的积极性。小要求实现并巩固之后，再对自己提出更高的要求。这个阶段还可以请你的客户来指出你的缺点，让你的客户帮助你成长。

在完成计划之后，对你的客户计划进行监督实施则是从理想跨入现实的第一步。这一步至关重要。一旦监督不力，可能就会功亏一篑。最好是自己对自己进行监督，比如用日记、图表记载自己的发展状况，并评价与分析自己的感受。计划的执行需要信心，要坚信自己能够成功。记住：一个人能够做的，比他已经做的和相信自己能够做的要多得多。表达和沟通能力的话，是访谈人员很重要的一个因素。很多人常常有好的想法，却不能很好地表达出来。如何改进？一位访谈培训专家给出了以下几个方面的建议，可以结合上面的步骤一起实施，更加迅速地提高你个人的访谈能力。

首先，书本是很好的老师。没人教的话，自己可以多买些书看了。常见的有谈话技巧方面的书，还有演讲技巧的书，里面讲的还是很不错的。买书的话，国外的写得更好一些，我自己就买了不少演讲方面的书，来提高自己的提案能力。其次，多说多练。事实上，很多人开始都不是很能说的。我记得刚做广告时，一见客户就紧张。后来，慢慢地经历得多了，直接面对老总都没问题。很多新人由于怕犯错，平时不敢出声。其实，领导是很希望你表达自己的意见的。说错没关系，就怕你不说。信心是在无数次的打击后慢慢建立的，而不会凭空落下。准备功课，再进行访谈，这是一个很好的习惯。如果你都没想清楚，自然也说不清楚。所以，与其害怕说错，不如多花点时间准备，比如我们向客户提案的时候。要学会自己事先模拟提案，就是自己讲给自己，挺好的一个办法就是自己对着镜子讲，然后把重要的内容标出来，把要讲的重点列成提纲，反复练习。最后，还会事先思考客户会问到的一些问题，这样才不至于出了问题时手忙脚乱。一次良好的沟通，背后是有很多看不到的东西的，平时和同事的沟通也是如此。另外，还有一个好办法，你先把你要讲的话（重点内容）写出来，然后看着提纲跟他们讲了。

反正沟通能力不是天生的，好好锻炼自己，相信每个人都可以成为沟通好手。

　　运用恰当的身体语言来辅助自己进行人际沟通，来最好地表达沟通的效果，也是一个重要的方面。有经验的访谈人士建议在客户访谈的过程中多多地使用无声的语言——肢体语言来改善访谈沟通的效果。我们已经了解身体语言在人际交往中的作用。然而，真正将身体语言有效地运用到人际交往中却不是一件很容易的事。这需要我们做两件事情：一是理解客户的身体语言，二是恰当使用自己的身体语言。

　　理解客户的身体语言。身体语言比口头语言能够表达更多的信息，因此，理解客户的身体语言是理解客户的一个重要途径。从他人的目光、表情、身体运动与姿势，以及彼此之间的空间距离中，我们都能够感知到对方的心理状态。了解了对方的喜怒哀乐，我们就能够有的放矢地调整我们的交往行为。但是，理解别人的身体语言必须注意以下几个问题：同样的身体语言在不同性格的人身上意义可能不同，同样的身体语言在不同情境中意义也可能不同，要站在别人的角度来考虑，要培养自己的观察能力，不要简单地下结论。同样的身体语言在不同性格的人身上意义可能不同。在对客户的肢体语言进行判断和分析时，要同时结合客户的性格进行。一个活泼、开朗、乐于与人交往的女孩子，在与你交往时会运用很丰富的身体语言，不大在乎与你保持较近的距离，也时常带着甜蜜的表情与你谈话。但是，这可能并没有任何特殊的意义，因为她与其他人的交往也是这个样子。然而换成一个文静、内向的女孩子，上述的信息可能就意味着她已经开始喜欢你了。类似地，解释别人的身体语言还要考虑情境因素。同样是笑，有时候是表示好感，有时候是表示尴尬，而有的时候又表示嘲讽，这都需要我们加以区别。理解别人的身体语言，最重要的是要从别人的角度上来考虑问题。要用心去体验别人的情感状态，也就是心理学上常讲的要注意"移情"。当别人对你表情淡漠，很可能是由于对方遇到了不顺心的事，因此不要看到别人淡漠就觉得对方不重视你。事实上，这样的误解，在年轻人中最容易出现，也最容易导致朋友、恋人之间的隔阂。站在别人的角度，替别人着想，才能使交往更富有人情味儿，使交往更深刻。

需要注意的是，要培养自己敏锐的观察力，善于从客户不自觉的姿势、目光中发现对方内心的真实状态。不要简单地下结论。比如，中国人喜欢客套，当来作客的人起身要走时，往往极力挽留，然而很多时候这些挽留都并非出自诚意，我们从主人的姿势上是可以看出来的，口头上慢走，却早已摆出了送客的架式。

另一方面，恰当使用自己的身体语言，有助于提高沟通的效果。恰当使用自己的身体语言，要求我们做到以下几点：经常自省自己的身体语言、有意识地运用身体语言、注意身体语言的使用情境、注意自己的角色与身体语言相称、注意言行一致、改掉不良的身体语言习惯。自省的目的是我们检验自己以往使用身体语言是否有效，是否自然，是否使人产生过误解。了解这些，有助于我们随时对自己的身体语言进行调节，使它有效地为我们的交往服务。不善于自省的人，经常会产生问题。有的性格开朗的女孩，她们在和异性交往中总是表现得很亲近，总是令人想入非非。我的一个朋友就遇到过一个这样的女孩，结果害得这位朋友陷入单相思，烦恼不堪。而实际上，女孩根本就没有什么特别的意思。对于我的朋友而言，他应该增强对别人的身体语言的理解能力，避免产生误解；而那个女孩则应该自省，自己是否总是使人产生误解。如果是，则应注意检点自己的行为。如果不注意自省，可能会很危险。

身体语言的使用一定要注意与自己的角色以及生活情境相适应。北京某名牌大学的一个毕业生，到一家公司去求职。在面试时，这位自我感觉良好的大学生一进门就坐在沙发上，翘起二郎腿，还不时地抖动。如果在家里，这是个再平常不过的姿势，而在面试的情境中，则很不合适。结果，负责面试的人连半个问题也没有问，只是客气地说："回去等消息吧。"最终的结果可想而知，他失去了一个很好的工作机会。

另外还要提醒大家，每个人身上可能都有由于长期的习惯而形成的不良身体语言。改变不良的身体语言的意义，是消除无助于沟通反而使沟通效率下降的不良的身体语言习惯。有人在与人谈话时，常有梳理头发，打响指等习惯，有的人还有掏耳朵、挖鼻孔的小动作，这些都会给别人留下不好的印象，有时会让人觉得很不礼貌。同时，这些无意义的身体语言会分散对方的注意力，甚至影响沟通的效果。

主动挖掘客户的需求

　　主动去挖掘客户的需求就是主动去占领商机。在现实生活中我们随处可见主动挖掘客户需求给企业带来的巨大好处。企业的发展往往是因为员工把握住了客户的需求，而欠缺挖掘商业机会的能力是阻碍公司转型和未来发展的主要瓶颈之一。比尔·盖茨在把握商机的过程中所做的工作似乎也十分简单。他认为他和微软公司所做的最主要的工作就是把所有的应用软件的优点集合起来，使之成为微软所开发的操作系统和应用软件的特点。和亨利·福特一样，比尔·盖茨把复杂的技术产品带给了大众。可以说，微软公司的视窗操作系统和它的前身MS—DOS操作系统就是高科技领域的T型汽车。它们或许不是最精巧的软件，但是比尔·盖茨有办法使它们被广泛使用，结果改变了整个IT产业。在比尔·盖茨和艾伦建立微软公司之前，单纯生产软件的公司并不存在。当大多数电脑公司认为软件是必须的但又是十分恼人的附加品的时候，比尔·盖茨却认定这是一个巨大的商机。结果他创造出了一项世界级的杰作。

　　正如同连接互联网这样的功能，只要在Windows里集成一个相关的软件，这样就不必每个人都自己去做这样的工作了。所以微软公司在挖掘软件市场的商机时，首先是把原来的DOS界面升级成现在的图形用户界面，后来就是把支持硬盘、支持网络，而后是支持互联网等功能的软件都包含在了自己的Windows里。当然，这里面集成的许多软件可能都是抄袭了别人的创意。但为什么别的公司做不到，而微软公司做到了？其中最关键的原因在于微软公司非常准确地主动挖掘到了客户的需求，并尽全力去满足和实现这种需求。

对于微软公司来说，最初的商机发掘——也就是客户需求的主动挖掘在于领导者过人的洞见力和坚忍不拔的毅力，但后来的商机发掘中，比尔·盖茨已经越来越偷懒，越来越讨巧，他把微软研究院作为自己发掘商机的最佳工具，利用其拥有的雄厚的研发实力，加上微软在 PC 操作系统市场的统治地位，使微软公司尽管一而再、再而三地在舞会上姗姗来迟，却照样能在曲终人散时赢得佳丽的芳心。当然，这里面更重要的原因是企业能够看到的商业机会与企业自身的层次和综合实力密切相关。企业所处的层次高度和搜寻商机的视野宽度是成正比的。当微软公司已经成为软件行业里的龙头老大时，即使不去主动寻求商机，商机往往也会找上门来。而除了这个方面的原因之外，企业里的员工主动挖掘客户的需求也是非常重要的一点。如果说企业领导人的智慧和洞察力让企业站立了起来，那么，员工通过访谈，不断地挖掘客户的需求、创造出符合客户要求的产品和服务，才是企业一直保持自己的领先优势和竞争地位的重要而关键的因素。

客户沟通的特殊技巧

随着企业之间的竞争越来越激烈，对客户访谈人员的要求也越来越高，具体表现在以下几个方面：保持熟练的维修技术、个人的创新意识以及情感的投入等。与流水线生产产品的质量相比较，手工产品的质量对个别雇员——或许是成百上千名雇员——的行为、创造性及责任心的依赖性远大于前者。在服务过程中，一名不称职的工程师可能会严重损害整个公司在客户心目中的形象。在服务过程中，个人情感的投入的多少将很大程度地决定了客户对这次服务的满意程度，所以为客户服务过程的良好沟通就显得特别

第三章 迈出成功的第一步——如何获得客户的信任

重要。

客户满意度高低很多时候在于我们的服务人员和客户的沟通是否到位。就好比上门对客户进行访谈时，我们如果能做到一见面就创造一个良好的沟通界面（如一个微笑、一句友好的开场白）的话，客户就会觉得很亲切，不会觉得服务人员态度生硬，满意度自然会得到提高。

1. 例如在东北，如果有个老大爷来修电脑，作为服务人员一上来就说："大爷啊，您年龄这么大还会用电脑，真厉害啊。"

2. 如果是位年轻的小伙子，我们了解到他的电脑主要用来玩游戏，自然就可以和他探讨最近游戏的动态等。

3. 如果是个股民就可以和他们聊聊经济话题，只要很简单知道一点点股票知识，我想就可以与对方交流起来的。服务工作就是这样，只有重视每一个客户，全身心地投入才能做好。

在电话访谈中，比如当你接听到客户的技术咨询的电话，很多客户因为不熟悉电脑，客服人员解释了一遍客户还弄不清楚，有的甚至一连解释了好几遍都不明白，于是客服人员往往就会产生烦躁情绪，就会问客户："我讲了这么多，你听明白了没有？"这时很多客户就会怕你认为他很笨而不敢再问，对于公司的印象也就大大降低。但如果你问："哦，不知道我解释的还算清楚吗？"那客户就会感到很轻松乐于继续提出问题，从而达到良好的沟通。

在与处于愤怒状态中的客户沟通中，婉转地指出客户的不礼貌也很重要。我曾经接过好几个这样的客户电话，客户的产品刚修了两天又出现了同样的问题，客户非常生气，一打电话过来就要找经理拼命的语气，我一接上电话听到的尽是骂，这时我就等客户情绪稍微稳定一点再说："先生您好，您看我还不了解你的机器问题，我那么有礼貌地接您的电话，也是想帮助您，而您却一阵儿痛骂，我想您找我绝对不会是专门来骂我吧，您找我更重要的应该是让我给您解决问题的吧。"这时很多客户就会马上收敛暴躁态度的，接下来大家都在平和的心态下，问题自然不难解决。遇到这类客户，我想只有尽快制止住客户的激烈态度，而引导客户到实际问题的解决沟通上来，就能帮助客服人员提高工作热情，从而更好地做好服务工作。在与代理和下属的沟通中，措辞的技巧也很重要，不当的用语会使我们的沟通遇到障碍，会对工作产生很多负面的影响。大多数人都不会有那么大的胸襟去接受别人毫无保留的批评的。如我们对代理的工程师或备件管理员说："跟你说过那么多次了，你就是不听！"或说："听清楚了，我们公司要求明天一定要把备件返回，否则就要扣劳务费了。"我想就是一个给下属直接发工资的老板总这样对下属讲话，下属也不会乐于接受的。所以这样的用语很多情况可能会使代理反感，而工作又得不到改进的。作为一个服务部门，内部的有效沟通也很重要，平常大家总不免遇到各种各样的技术难题、棘手客户，建立内部的良好沟通将有助于工程师们技术水平和解决问题能力的提高。

总之，服务是一个与人打交道的过程，乐于沟通、勇于沟通，用心地与客户沟通，将使工作取得更大的进步，沟通效果也会更显著。

客户沟通的特点与注意事项

客户沟通属于人际沟通的一种形式，由于其目的不同、方式不同而具有自己独特的特点。与一般的人际沟通不同，访谈人员需要仔细理解客户沟通的特点，将客户沟通与普通的人际沟通分开，才能够有助于访谈人员准确把握其特点，更好地针对客户访谈制订有关策略，与客户进行完美沟通。客户沟通是指访谈人员与客户之间在共同活动中彼此交流思想、感情和知识等信息的过程。它是沟通的一种主要形式，主要是通过言语、副言语、表情、手势、体态以及社会距离等来实现的。根据 F. 但斯和 C. 拉森的观点，客户沟通有 3 种功能：第一，连接的功能，在一个人和他所处的环境之间起一种连接作用；第二，精神功能，通过人际沟通，人们能参照他人的想法而更好地做决策，更有效地思考；第三，调节功能，人际沟通可以协调人们之间的行为。

通过大量的研究和控制实验，行为研究专家们在长期的研究中总结出人际沟通具有以下特点，客户访谈沟通同样也具有这样的特点：

1. 在人际沟通中，沟通双方都有各自的动机、目的和立场，都设想和判定自己发出的信息会得到什么样的回答。因此，沟通的双方都处于积极主动的状态，在沟通过程中发生的不是简单的信息运动，而是信息的积极交流和理解。信息的双向流动性是人际沟通的特点，在客户沟通中，客户与访谈人员信息的双向沟通就是其中最明显的特点。在这个过程中，客户的信息传递给访谈人员，访谈人员的观点和看法也会对客户造成影响，互动与互相影响的过程中访谈人员试图尽力达到访谈的目的。

2. 人际沟通借助言语和非言语两类符号，这两类符号往往被同时使用。二者可能一致，也可能矛盾。这个特点在客户访谈中体现得尤为明显。因为客户访谈常常是面对面地进行，那么客户的很多信息，包括其心理活动、想法的变化很多是通过非语言信号体现出来的，而不是直接传达给访谈人员。

3. 人际沟通是一种动态系统，沟通的双方都处于不断的相互作用中，刺激与反应互为因果，如乙的言语是对甲的言语的反应，同时也是对甲的刺激。因此，在客户访谈过程中不能仅仅关注自己意见的表达，同时还要关注客户的意见。

4. 在人际沟通中，沟通的双方应有统一的或近似的编码系统和译码系统。这不仅指双方应有相同的词汇和语法体系，而且要对语义有相同的理解。语义在很大程度上依赖于沟通情境和社会背景。沟通场合以及沟通者的社会、政治、宗教、职业和地位等的差异都会对语义的理解产生影响。言语沟通。言语是人际沟通的主要手段。利用言语交流信息时，只要参与交流的各方对情境的理解高度一致，所交流的意义就损失得最少。特别是言语沟通伴随着合适的副言语和其他非言语手段时更能完美地传达信息。社会心理学家研究言语沟通的重点放在说者和听者是怎样合作以及对信息的理解是怎样依赖于沟通情境和社会背景的。对于语义的理解，如果你与客户有相同的文化背景，这是比较容易沟通的，但是对于跨地区和跨文化沟通来说，则需要注意客户所在的地区及民族文化对沟通的影响是非常明显的，必须加以考虑。

5. 谈话的规则——言语沟通要遵循一定的规则。这些规则通常是不成文的共同的默契。谈话规则在不同社会、不同文化、不同团体和不同职业之间有所差别。但也有一些普遍性的规则。例如，一方讲话时对方应注意倾听；不要轻易打断对方的谈话；一个时间只能有一个人讲话，一个人想讲话，必须等别人把话讲完；要注意用词文雅；等等。这些规则在客户访谈中是作为访谈的必要条件而存在的，每个将要进行客户访谈的访谈人员都必须了解这些规则。

在实际的言语沟通中，根据内容和情境的需要，客户访谈谈话的双方还必须有一些特殊的交谈规则。社会心理学家在研究人际沟通时尤其看重语言所表达的意义的分析。语义依赖于文化背景和人的知识结构，不同文化背景的人所使用的词句的意义可能有所不同。即使在同一文化背景下，词句的意义也可能有差别。哲学家对"人"的理解和生理学家对"人"的理解往往有差异。为了区分词义上的差别，心理学家把词义划分为基本意义和隐含意义两种。例如"戏子"和"演员"，这两个词都是指从事表演活动的人（基本意义），但两者的隐含意义不同，戏子含有贬义，而演员则含有褒义。词的隐含意义，主要是情绪性含义，在人际言语沟通中起着重要的作用，使用不当会破坏沟通的正常进行。语义的理解还依赖于言语中的前后关系和交谈情境。研究表明，要理解脱离前后文孤立的词是很困难的。人们容易听清一个成语却不太能听清一个孤立的词。语义和情境的关系更为密切，"戏子"这个词如果在朋友间打趣时用，可能含有褒义。

非言语沟通——是言语沟通的补充形式，有时也单独使用。非言语符号系统主要包括副言语和视觉符号两大类。视觉符号主要包括面部表情、身体运动和姿势、目光接触、人际距离、衣着等，身体接触也是人们常用的一种非言语符号。访谈人员对于客户的了解往往是从非语言沟通上得到更多的信息。

副言语沟通信息——指人们说话的音调、响度、速度、停顿、升调、降调的位置等都有一定的意义，可以成为人们理解言语表达内容的线索，这些伴随言语的线索称为副言语。你是否注意到了你的客户使用副语言沟通信息的特点？研究表明，嗓门高可能意味着兴奋，也可能意味着说谎。副言语的特定意义依赖于交谈情境以及个人的习惯和特性。把这些原则运用到客户访谈的沟通中来，你会发现客户访谈中也少不了副言语的辅助作用。

面部表情——传达心声的重要信号。面部表情可以清楚地表明一个人的情绪，一般是非随意的、自发的，但也是可以控制的。在人际沟通中，有时人们有意控制自己的面部表情，以加强沟通效果。研究表明，人类的面部表情基本上是遗传决定的，与文化的关系不大。一个人的面部表情是真情的流露还是故意装出来的则很难分辨。同一种表情可以有不同的含义。微笑可以是幸福和喜悦的表示，也可以是友好的表示，有时甚至可以表达歉意。某种表情的具体含义在很大程度上依赖于沟通情境和沟通者的习惯特征。客户的面部表情在不经意间透露了自己的想法。另外，身体运动和姿势在人际沟通中也可用来传达信息或强调所说的话，被称为体态语言。摊开双手向房间里摆动，表示邀请。体育比赛中裁判用手势表示他的判决。体态语言的含义依赖于多种因素，主要有沟通情境、沟通者的习惯以及沟通者所处的文化等。目光接触可能是非言语沟通的主要信息来源，至少可以表明交谈的双方对交谈是否感兴趣。目光接触可以表达爱、喜欢和关系的感情。研究发现，亲密伴侣之间比一般人之间有更多的对视行为。有时人们避免目光接触。有些人在向别人报告坏消息或者说一些痛苦的事情时往往避开对方的眼睛。有时沟通者由于害羞、恐惧或说谎而避免目光接触。

在人际沟通过程中，双方之间的距离有一定的含义。一般说来，关系越密切，距离越近。人类学家 E. 霍尔把人际距离分为亲密的、个人的、社会的和公众的四种。

他认为，父母与子女之间、爱人之间、夫妻之间的距离是亲密距离，约

18英寸，可以感觉到对方的体温、气味、呼吸。个人距离指朋友之间的距离，大约是1.5~4英尺。社会距离是认识的人之间的距离，一般是4~12英尺，多数交往发生在这个距离内。公众距离指陌生人之间、上下级之间的距离，一般是12~15英尺。拍肩膀、握手、拥抱等身体接触也有沟通信息的作用。亲密的人之间有较多的身体接触，而陌生人之间过分亲密的接触可能意味深长。握手的次序、时间、力量，可能标志着沟通者之间不同的关系水平。人际距离与文化、地位、居住环境等多种因素有关。人们发现，北美人的交际距离一般大于拉美人，乡村人一般大于城市人，社会地位高的人大于地位卑微的人。而为了更好地了解你的客户，你需要了解他所能接受的人际沟通距离，以避免由于错误地判断而导致沟通的不畅，引起客户的误解。衣着服饰也可以作为非言语沟通的手段。一个姑娘在和情人约会时如果精心打扮，很可能表明她想取悦对方。专家认为衣着至少可以给别人传递10种信息：经济水平、教育水平、是否值得信任、社会地位、是否庸俗、经济背景、社会背景、教育背景、成功水平和道德品质。

客户沟通的重点——如何发现客户的兴趣点

客户的兴趣点在哪里？这个问题是与客户接触前访谈人员需要做好的调查工作，以便于在访谈当中根据客户的兴趣爱好来更好地完成访谈。但是，前期的了解可能只是一个大概的印象，并不十分准确。所以还要求访谈人员在进行访谈的过程中，运用自己的能力、资源来挖掘客户的兴趣点。

访谈人员要注意培养自己的观察能力。观察要细致入微，细心踏实。不能光凭感觉和想象。观察要客观、以事实为依据。

传说古希腊的大哲学家德谟克利特在街上遇见一位熟识的小姐，德谟克利特便和她招呼："小姐，您好！"翌日，德谟克利特再次碰到与头一天打扮相同的那位小姐时，却这样招呼道："太太，您好！"小姐的脸羞得通红。德谟克利特之所以看出一夜之间由小姐变成太太的秘密，这不能不归功于他那惊人的观察力和细心的程度。又如1985年苏联领导人契尔年科病逝后，英国有位观察家注意到《真理报》上所登的契尔年科的遗像的黑框子看上去很窄，只有勃列日涅夫和安德罗波夫遗照黑框宽度的一半，即3毫米，而比几年前去世的乌斯季诺夫元帅遗照黑框宽1毫米，从而推测苏联官方对契尔年科哀悼的程度。这样进行逻辑推理的准确性我们姑且不论，但这种明察秋毫的细致观察力无疑是令人羡慕的。访谈人员如果能够将自己的观察能力培养到这样的水平，相信你的客户会非常好奇甚至于佩服，在这样好的印象的基础上，相信你的访谈开展会顺利很多。

观察要全面准确；不能只看局部不看全面。

这里给大家一个非常有启发性意义的真实例子。在一次国际心理学会议正在举行的时候，突然从外面冲进来一个村夫，后面追着一个黑人，手中挥舞着手枪。两人在会场上追逐着，突然"砰"的一声枪响，两人又一起冲出门外。与会者惊慌未定，会议主席却笑嘻嘻地请与会者写下目击经过，原来这是一位心理学教授请求做的关于"注意"的实验。结果，在上交的40篇报告中，没有一篇错误少于20%，有14篇的错误在20%～40%之间，12篇的错误在40%～50%之间，其余的错误在50%以上，而且许多报告的细节是臆造出来的。观察力敏锐的心理学家尚且如此，常人在观察时就更要注意准确性这个问题了。如果在访谈当中访谈人员忽略了必要的细节，如果在此基础上进行判断，势必导致错误，引发笑话。另外，你一定听过印度民间故事盲人摸象吧。记住：既要多方位地去观察，又要善于将观察结果综合归纳。

将观察与思考结合起来是最后一个要求。光能够观察还远远不够，因为客户的兴趣点通过观察来发现，最后要通过思考才能获得、总结。所以，最后一步是关键的、重要的。客户兴趣点把握得是否准确、全面、有参考价值，最关键就是最后一步。善于观察再加上勤于思考，会让你的访谈工作更加高效。生活当中，勤于思考的人往往比别人更加能够获得机会和成功。比

客户访谈成功的秘诀

如苏联 3 位作家高尔基、安德列耶夫和蒲宁在意大利那不勒斯城的一家饭馆玩过这样的游戏：当一个客户进门后，限定每个人用 3 分钟观察来人，然后每个人说出结果，看谁描绘得逼真。一个客户推门而入，过了一会儿，高尔基说："这是一个脸色苍白的人，穿着灰色西服，长着细长发红的手。"安德列耶夫什么也没有观察出来，只得胡诌了几句。蒲宁有条不紊地从那个人的服饰谈起，连小指甲不正常这样的细节也没放过，最后推测道："这人是骗子！"饭馆侍者证实了蒲宁的观察结论。显然，蒲宁之所以能做出深刻正确的判断，除了说明观察的细致、准确、全面外，还反映了他具有严密的逻辑推理能力，善于将观察和思考有机地结合起来。

总之，要深入细致地观察客户的兴趣点，访谈人员必须培养自己与众不同的致密和敏锐，才能比其他的竞争对手更快、更准、更好地锁定你的客户，下面是有人总结出的观察的十个要点，并将其视为一个人观察力的十种表现，牢牢记住它们并运用到工作当中，一定能够帮助你更快地成功：① 能入迷；② 能专一：紧紧盯住目标，不浮光掠影、见异思迁；③ 能吃苦：观察时要有吃苦精神，殚精竭虑；④ 能顾全：全面地、理性地看待问题，既要看到事物的目前状况，更要预测其发展趋势；⑤ 能细微：善于察一叶而知秋，敏感地看到别人不易察觉到的事物和现象；⑥ 能联系：审时度势，不要忽略事物存在的时间因素；⑦ 能比较：学会对比分析，从而辩证地看待问题；⑧ 能思考：要将观察与思考结合起来，深入自己的感情认识；⑨ 能灵巧：为了增强观察效果，要借助一定的物质手段；⑩ 能勤写：要做到观察记录；⑪ 能坚持：要做到持之以恒，切忌三天打鱼，两天晒网。

第二节

如何处理客户的异议

正确认识客户异议

客户为什么会产生异议？客户有异议说明他不相信你所说的话，他不认为你说的是对的，所以，他愿意坚持自己的观点。当你在客户访谈中遇到客户异议的时候，不要急着试图去改变客户的看法，让他接受你的想法，因为这并不是问题的根源。问题的根源在于你是否得到了客户的信任。一旦客户相信你，他才会相信你说的，才会觉得你说的有道理。这并不代表客户不懂得思考，很多时候，客户总是感性思维的，他会相信他认为值得相信的人。所以，获得客户的信任是第一步。同时也是处理客户异议的第一原则。

客户"异议"的是你在访谈过程中导致客户不赞同、提出质疑或拒绝的言行。例如，你要去拜访客户，客户却说没有时间；你在努力询问客户的需求，客户却隐藏其真正的动机；你向他解说产品，他却带着不以为然的表情……这些都属于"异议"的范畴。

访谈新人对异议往往抱有负面看法，甚至对异议怀有挫折感与恐惧感。但是，对有经验的访谈人员来说，他却能从另外角度来体会异议，并发现另外的含意。比如，从客户的异议中能判断客户是否真的有需求；从客户的异议中能了解到客户对你的接受程度，这有助于你迅速调整战术；从客户提出的异议中可以获得更多的信息，等等。

经验丰富的访谈人员在长期的工作中总结出，客户的异议通常有以下三种类型，把握好不同类型的异议的特点，才能有针对性地进行处理，为后面的工作打下良好的基础。

通常，有三种不同类型的异议，访谈人员应该认真辨别。

第一种是真异议。客户认为目前没有需要，或对你的产品不满意，或对你的产品持有偏见。例如，客户从别人那里听说你的产品容易出故障。对于此类"真异议"，访谈人员必须视情形考虑是立刻处理还是延后处理。

当客户的异议属于其关心的重点时，当你必须妥善处理后才可能继续进行访谈时，当你处理异议后能立刻获得订单时，你应该立即处理异议。反之，在以下情况下可以考虑延后处理：当碰到你权限外或你不确定的事情时，先承认自己无法立刻回答，但保证会迅速找到答案并告诉他；当客户在还没有完全了解产品特性及利益前提出价格问题时；当客户的异议在后面可以更清楚地得到证明时……

第二种是假异议：假异议通常可以分为两种，一种是指客户用借口、敷衍的方式应付访谈人员，目的是不想真诚地和访谈人员会谈，不想真心介入访谈的活动；另外一种是客户提出很多异议，但这些异议并不是他们真正在意的地方，如"这件衣服是去年流行的款式，已过了时""这车子的外观不够流线型"……虽然听起来也是异议，但不是客户真正的异议。

第三种是隐藏的异议：隐藏的异议指客户并不把真异议提出，而是提出各种莫名的异议，目的是要借此假象营造隐藏异议解决的有利环境。例如，客户希望降价，但却提出其他如品质、外观、颜色等异议，以降低产品的价值，从而达到降价的目的。不管是何种异议，你首先得对异议持正确的态度，如此才可能用正确的方法来处理好异议。一般来说，在面对客户的异议时，最好能持以下态度：

了解异议的具体种类之后，访谈人员要了解异议的存在到底说明了一个什么问题？同时异议的存在对访谈的过程会产生哪些影响。了解了这些相关的内容可以帮助访谈人员更好地正确面对访谈。异议是宣泄客户内心想法的最好指标，客户通过这个方式表达自己的想法，但是异议经由处理能缩短访谈周期，而争论则会拖延甚至葬送访谈进程。你要注意了，那些没有异议的客户才是最难应对的客户，而懂得抱怨的、有话要说的客户才可能会是忠实客户。异议的存在表示你提供的利益仍然不能满足对方的需求，当客户表示自己有异议时，访谈人员一定要注意聆听，区分真异议、假异议及隐藏的异议。在异议的处理上，不可用夸大不实的话来处理异议，当你不知道答案时，请说"我将尽快提供答案"。另外，将异议视为客户希望获得更多信息的信号，异议表示客户仍有求于你。总之，不管客户有多大的异议，你都不能因为感情用事而弃客户而去。

换位思考——明确异议的产生根源

访谈专家们在总结自己处理异议以及对异议的理解时，都不约而同地将异议的产生根源归结为两个源头——有的是因客户而产生，有的是因访谈人员而产生。可能有的读者看了会很不理解，为什么异议产生的根源会是因为访谈人员呢？看了下面的分析，相信你会改变自己对异议的错误认识和看法，这是为后面正确处理客户异议做准备的。

首先来看由于客户原因而产生的异议。由于客户往往拒绝改变。多数人对改变都会习惯性地产生抵触情绪，因为访谈人员的工作或多或少会给客户带来一些改变。例如，从目前使用的A品牌转换成B品牌，从目前可用的预算中拿出一部分来购买未来的保障，等等。这些对于新鲜事物的抵触都可能使客户对不了解的新事物产生抵触。其次，客户的情绪也有影响，特别是当客户情绪处于低潮。当客户的情绪正处于低潮时，可能没有心情来谈，也容易提出异议。没有意愿的客户会有异议，客户的意愿没有被激发出来，没有能引起他的注意及兴趣。无法满足需求的客户会有异议，客户的需要不能充分被满足，因而无法认同你的产品。最后，由于预算不足，因而产生价格上的异议、借口、推托，客户不想花时间来谈。客户抱有隐藏的异议：客户抱有隐藏的异议时，会提出各式各样的异议。

另一方面的原因是来自访谈人员。访谈人员的原因出在哪里？第一是访谈人员无法赢得客户的好感，如举止态度让客户产生反感。比如，访谈人员做了夸大不实的陈述。比如，以不实的说辞哄骗客户，结果带来了更多的异议。因为对于夸大的事物，人们都会不相信。如果访谈人员使用过多的专门术语，客户觉得自己无法适应并提出异议。专业术语的使用让客户感到害怕，因为不熟悉、不了解，客户希望了解自己懂得的东西，因为这样他们更容易把握。特别值得指出的是，如果访谈人员对事实调查不正确，比如访谈人员引用不正确的调查资料，极有可能引起客户的异议，甚至导致沟通受阻，从此停止。此外，与客户不当的沟通，访谈人员说得太多或听得太少都无法把握住客户的需求点，因而产生许多异议。如果在访谈的过程中需要展示产品，一旦展示失败会立刻遭到客户的质疑。最后访谈人员还要注意，访谈过程中不能姿态过高，让客户理屈词穷。比如处处强势，客户感觉不愉快，于是提出主观异议。

只有了解异议产生的可能原因，你才可能更冷静地判断异议产生的真正原因，并针对原因"有的放矢"，如此你才能真正有效地化解异议。

处理客户异议的几点基本原则

对于客户异议的处理是有规可循的，遵循客户异议处理的原则可以避免走弯路，帮助你更好地进行访谈，达到想要的目的。总的来说，客户异议处理有以下四点原则：

第一点：访谈前对可能出现的异议情况做好准备。"不打无准备之仗"是访谈人员战胜客户异议应遵循的一个基本原则。访谈人员在走出公司大门之前就要将客户可能会提出的各种异议罗列出来，然后考虑一个完善的答复。面对客户的异议，做一些事前准备可以做到心中有数、从容应对。反之，则可能惊慌失措、不知所措，或不能给客户一个圆满的答复以说服客户。欧美国家国外的许多企业经常组织专家来收集客户的异议，制订标准应答用语，并要求访谈人员牢记、运用。在实践中，编制标准应答用语是一种较有效的方法，具体程序如下：

步骤1：把大家每天遇到的客户异议写下来。

步骤2：做分类统计，依照出现频率排序，出现频率最高的异议排在最前面。

步骤3：以集体讨论方式编制适当的应答用语，并编写、整理成文。

步骤4：请大家熟记在心。

步骤5：由经验丰富的访谈人员扮演客户，大家轮流练习标准应答用语。

步骤6：对在练习过程中发现的不足，通过讨论进行修改和完善。

步骤7：对修改过的应答用语进行再练习，并最后定稿备用。最好是印成小册子发给大家，以供随时翻阅，达到运用自如、脱口而出的程度。

第二点：选择适当时机。美国某权威机构通过对几千名访谈人员的研究发现，优秀访谈人员所遇到的客户严重反对的机会只是普通访谈人员的十分之一，主要原因在于：优秀的访谈人员对客户的异议不仅能给予一个比较圆满的答复，而且能选择恰当的时机答复。可以说，懂得在何时回答客户异议的访谈人员会取得更大的成绩，访谈人员对客户异议答复的时机选择有四种情况：

1.在客户异议尚未提出时解答。防患于未然是消除客户异议的最好方法，访谈人员觉察到客户会提出某种异议，最好在客户提出之前就主动提出并给予解释，这样可使访谈人员争取主动，做到先发制人，避免因纠正客户看法或反驳客户的意见而引起不快。访谈人员完全有可能预先揣摩客户异议并抢先处理，因为客户异议的发生有一定的规律性，如访谈人员谈论产品的优点时，客户很可能会从最差的方面去琢磨问题。有时，客户没有提出异议，但其表情、动作及措辞和声调却可能有所流露，访谈人员觉察到这种变化时可以抢先解答。

2. 在异议提出后立即回答。绝大多数异议需要立即回答，这样既可以促使客户购买，又表示对客户的尊重。

3. 过一段时间再回答。以下异议需要访谈人员暂时保持沉默：当异议显得模棱两可、含糊其词、让人费解时；当异议显然站不住脚、不攻自破时；当异议不是三言两语就可以辩解得了时；当异议超过了访谈人员的能力水平时；当异议涉及较深的专业知识，不易为客户马上理解时……急于回答客户的此类异议是不明智的。经验表明：与其仓促答错十题，不如从容答对一题。

4. 不回答。许多异议不需要回答，如无法回答的奇谈怪论、容易造成争论的话题、废话、可一笑置之的戏言、异议具有不可辩驳的正确性、明知故问的发难等。访谈人员可以采取以下处理技巧：沉默；装作没听见，按自己的思路说下去；答非所问，悄悄扭转对方的话题；插科打诨幽默一番，最后不了了之。

第三点：争辩是客户访谈的第一大忌。不管客户如何批评，访谈人员永远不要与客户争辩，这是因为争辩不是说服客户的好方法。正如一位哲人所说："你无法凭争辩去说服一个人喜欢啤酒。"与客户争辩，失败的永远是访谈人员。一句访谈行话是："占争论的便宜越多，吃访谈的亏越大。"

第四点：给客户留"面子"。访谈人员要尊重客户的意见。客户的意见无论对还是错、深刻还是幼稚，访谈人员都不能表现出轻视的样子（如不耐烦、轻蔑、走神、东张西望、绷着脸、耷拉着头等）。访谈人员要双眼正视客户，面部略带微笑，表现出全神贯注的样子。并且，访谈人员不能语气生硬地对客户说："你错了""连这你也不懂"；也不能显得比客户知道得更多："让我给你解释一下……""你没搞懂我说的意思，我是说……"这些说法明显地抬高了自己、贬低了客户，会挫伤客户的自尊心。

主动请客户来批评你——化解客户异议的方法

异议处理的原则是大的指导方针，在该指导方针下，掌握异议处理的具体方法，可以帮助你成功地处理客户异议，更能够同时建立起客户对你的信任。正确处理好异议，不但不会对访谈造成负面的影响，更为重要的是，如果你能将客户的异议更好地转化为正面的积极影响，对于后面的访谈会打下很好的基础。那么，处理客户异议有哪些方法可以拿起来就用呢？下面这几种方法是从大量的访谈客户异议处理案例中提炼出来的，相信对你更好地处理客户异议有较大的帮助。

方法一，忽略法。顾名思义，就是当客户提出一些反对意见，并不是真的想要获得解决或讨论时，这些意见和眼前的交易扯不上直接的关系，你只要面带笑容同意他就好了。对于一些"为反对而反对"或"只是想表现自己的看法高人一等"的客户意见，你如果认真地处理，不但费时，尚有旁生枝节的可能，因此，你只要让客户满足了表达的欲望，就可采用忽略法迅速引开话题。常用的"忽略法"有微笑点头（表示"同意"或表示"听了你的话"）、"你真幽默"、"嗯！高见！"等。

方法二，心理补偿法。这种方法强调当客户提出异议且有事实依据时，你应该承认并欣然接受，强力否认事实是不明智的举动，但要设法给客户一些补偿，让他取得心理上的平衡，即让他产生两种感觉：产品的价格与售价一致；产品的优点对客户重要，产品没有的优点对客户而言不重要。世界上没有一样十全十美的产品，人们会认为产品的优点越多越好。其实，真正影响客户购买决策的关键点并不多，补偿法能有效地弥补产品本身的弱点。补偿法的运用范围非常广泛，效果也很实际。例如，美国艾维士汽车出租公司一句有名的广告"我们是第二位，因此我们更努力！"就是一种补偿法。再比如，客户嫌车身过短时，汽车访谈人员可以告诉客户"车身短有助于你方便地停车"。当客户提出某些不购买的异议时,访谈人员要能立刻回复说:"这正是我认为你要购买的理由!"也就是访谈人员能立即将客户的反对意见,直接转换成为什么他必须购买的理由。我们在日常生活上也经常碰到类似太极法的说辞。例如,主管劝酒时,你说不会喝,主管立刻回答说:"就是因为不会喝,才要多喝多练习。"你想邀请女朋友出去玩,女朋友推托心情不好,不想出去,你会说:"就是心情不好,所以才需要出去散散心!"这种方法能处理的异议多半是客户通常并不十分坚持。

方法三,询问法。询问法在处理异议中扮演着两个角色。首先,透过询问,可以把握住客户真正的异议点。访谈人员在没有确认客户异议重点及程度前,直接回答客户的异议可能会引出更多的异议,从而使访谈人员自困愁城。访谈人员的字典中,有一个非常珍贵、价值无穷的字眼:"为什么"。请不要轻易放弃这个利器,也不要过于自信,认为自己已能猜出客户为什么会这样或为什么会那样,要让客户自己说出来。当你问为什么的时候,客户必然会做出以下反应:他必须回答自己提出反对意见的理由,说出自己内心的想法;他必须再次地检视他提出的反对意见是否妥当。此时,访谈人员能听到客户真实的反对原因及明确地把握住反对的项目,他也能有较多的时间思考如何处理客户的反对意见。其次,透过询问,直接化解客户的反对意见。最后访谈人员也能透过向客户提出反问的技巧直接化解客户的异议。

方法四,假设让步法。无论是谁,不管有理没理,当自己的意见被别人直接反驳时,内心总会感到不快,甚至会很恼火,尤其是当他遭到一位素昧平生的访谈人员的正面反驳时。屡次正面反驳客户会让客户恼羞成怒,就算你说得都对而且也没有恶意,也会引起客户的反感。因此,访谈人员最好不要开门见山地直接提出反对的意见。在表达不同意见时,尽量利用"是的……如果"的句法,软化不同意见的口语。"是的……如果……"源自"是的……但是……"的句法,因为"但是"的字眼在转折时过于强烈,很容易让客户感觉到你说的"是的"并没有含着多大诚意,你强调的是"但是"后面的诉求,因此,若你使用"但是"时,要多加留意,以免失去了处理客户异议的原意。

方法五，直接反驳法。在"是的……如果"法的说明中，我们已强调不要直接反驳客户。直接反驳客户容易陷入与客户的争辩而不自知，往往事后懊恼，但已很难挽回。但有些情况你必须直接反驳以纠正客户的错误观点。例如，当客户对企业的服务、诚信有所怀疑或当客户引用的资料不正确时，你就必须直接反驳，因为客户若对你企业的服务、诚信有所怀疑，你拿到订单的机会几乎是零。例如，当保险企业的理赔诚信被怀疑时，你还会去向这家企业投保吗？如果客户引用的资料不正确，你能以正确的资料佐证你的说法，客户会很容易接受，反而对你更信任。使用直接反驳技巧时，在遣词造句方面要特别留意，态度要诚恳，本着对事不对人的原则，切勿伤害客户的自尊心，要让客户感受到你的专业与敬业。熟悉上述异议处理技巧，你在面对客户的异议时会更自信。

需要提醒的是，技巧固然能帮你提高效率，但前提是必须对异议持正确态度。只有正确、客观、积极地认识异议，你才能在面对客户异议时保持冷静、沉稳，也只有保持冷静、沉稳，你才可能辨别异议真伪，才可能从异议中发现客户需求，才能把异议转换成每一个访谈机会。因此，访谈人员不但要训练自己的异议处理技巧，也要培养面对客户异议的正确态度。

此外，掌握客户异议处理的常用技巧有助于我们更快更好地判断并解决客户的异议。异议处理的技巧与方法是：先判断对方提出来的是"问题"还是"异议"；避免争辩，绝对不让客户感到"难堪与不悦""先处理心情、再处理事情"，也就是先处理客户的"情绪"，给对方好的感觉之后，再处理客户所提出的"问题"本身。

在访谈中不是每一个异议或质疑都必须被百分之百地解决。访谈是有效满足客户需求而不是在做解答生意。

找出客户真正的反对理由以及客户不愿购买的主要理由：没钱；有钱，但不舍得花，也可能是另有他用；犹豫不决，三心两意做不了决定；没有独立决定权；认为可以在别的地方以更便宜的价钱买到；觉得有许多其他的选择或是有替代品；已有习惯的产品提供者；对我们或我们的商品没有信心；不喜欢我们；觉得根本不需要，或是还未真正的心动。

对于客户的异议处理要以理性开始，感性作为结束。

什么时候客户会提出异议或是反对理由呢？我们没有真正建立和客户的信任关系，所以他对我们可能没有好感，可能不相信我们所说出来的话。也有可能是因为我们没有真正掌握客户的实质需求，所以它并不觉得有这样的需要。或是没有制造客户的强烈购买欲望，所以他觉得不急或是可以再等看看。另外，我们的商品解说力不足，所以他没有真正认同我们商品的价值，或是对我们的商品还存在极大的怀疑。我们没有帮助客户找出拥有产品的方法，所以可能他真的没有决定权。或是没有足够的预算，甚至他负担不起这样的花费。这些都可能成为客户异议的缘由。

第三节

如何迅速获得访谈对象的合作

如何适时地给客户惊喜

你是否能够常常让你身边的朋友感到快乐？从另外一个角度看，你的朋友是否也能够常常带给你很多惊喜和快乐？如果访谈人员能够与用户建立起朋友一样的关系，让更多的访谈来自友谊而非工作关系，相信你会像对待朋友一样给你的客户带来惊喜，从而在轻松的气氛中促进你的业务发展。有一条古老的商业格言说："条件一样，人们想和朋友做生意；条件不一样，人们还是想和朋友做生意。"据估计，半数以上的访谈是因友谊而做成的，半数以上的商业关系也因友谊而得以保持。很多人把这种关系叫作"好老弟关系网"，还有一些人把这叫作"认识人"，但实际上都是指的友谊型访谈。如果你认为拥有最好的产品、服务和价格，那你就可以把东西卖出去，那你就错了一大半。如果说一半的访谈都源自友谊的关系，而你还没有把潜在客户（或现有的客户）变成朋友，那你就失去了至少一半的市场。

朋友向朋友访谈时，不需要使用访谈技巧。当你约一个朋友出来或是请他帮个忙时，你用不着技巧，直接要求就是了，你并不需要更多的访谈技巧，而是需要更多的朋友。想一想你最好的客户。为什么他们是最好的？难道你不是和他们保持着极好的关系吗？如果你和你最好的客户是朋友，经常就可以避免在价钱和发货期上讨价还价。甚至偶尔服务得差一些，你仍旧能留住这些客户。

交朋友还有一大好处——竞争对手被排除出局。最强的竞争对手也无法抢走和你有交情的客户。多数访谈人员认为，一个打给客户的电话如果没卖出东西，这个电话就是在浪费时间。没有什么比这种想法更荒谬了。人们讨厌别人向自己卖东西——但他们喜欢买。你该如何开始？不要急，慢慢来。发展关系需要时间；建立友谊也需要时间。（如果你读到这里的时候在想："我可没时间营造什么关系，我太忙了，有那么多访谈任务要完成"，那你最好还是换个工作吧，访谈工作你肯定干不长。）访谈人员会犯一个大错，那就是分发掉送客户的赠票，不和他们一起出去。虽然认真花上几小时和你自己公司的人待在一起，你能够学到很多东西，但和客户在一起，也同样能够使你学到很多东西，还能使你们的关系升级。工作场所以外的地点是最有助于友谊萌芽的。以下是你可以遇见和找到客户的场所，也是你该去的地方和该参加的活动，比如，球赛、剧院、画廊、商会聚会、社区互助活动、早餐、午餐和晚餐以及公司主办的研讨会等。这并不是说你不需要掌握高超的访谈技巧——要获得友谊以外的另一半市场，你还需要懂得访谈技巧才行。

你会经常听到访谈员叹息自己无法打入被叫做"好老弟"的那种关系网，这纯粹是借口，其实他这句话的意思是：他没能把有价值的东西带给别人，没能和别人建立起良好的关系，或是和他人成为朋友——然而，其他人却做到了。

另外，访谈人员学会察言观色才能在最合适的时候给你的客户一个惊喜。惊喜是需要用心设计的。人的行为是由人脑的意识活动所控制和指引的。人脑的意识活动表现为心理状态，因而心理同行为之间有着密切的联系。人们常根据别人的心理去推断别人的行为，也常根据别人的行为去判断别人的心理。心理与行为之间的密切相关性告诉我们，为了改变或引导别人的行为，我们可以首先去努力改变或者引导别人的意识活动，即心理。人的心理现象既生动，又复杂，有着发生和发展的无穷奥秘。所以访谈员必须要观察客户的心理变化，察言观色，把握客户的心理变化，适时地提出忠告、指导或诱导言辞，否则便会丧失访谈的良机。

访谈员在访谈商品的过程中，客户也许会不停地产生各种复杂的心理变化。当然，在你向客户推荐商品的过程中或者在让客户亲自演示的过程中，他们可能多次表示出好奇心和兴趣，以至于表现出购买的冲动来。总之，在整个访谈过程中，客户的心理变化很大，起伏不定，犹豫不决。而那些经验丰富的访谈员，由于有深刻的洞察力，一般都能从客户在整个商谈过程中表现出来的表情、动作、语言及神态上，准确地把握客户的心理变化，所以察言观色是访谈员掌握最佳访谈良机的基本技巧之一。

有极强的察言观色的能力，不仅能够帮助你制造合适的气氛，获得用户的好感，同时也能够帮助你准确掌握客户心理的变化，这种能力在客户谈判中是极其重要的。20世纪80年代中期，中日两家公司在农业机械引进方面的一次交锋，就可以充分说明在访谈中察言观色的巨大作用。众所周知，日本商人以勇于实践、敢于挑战、深谙谈判真谛而著称于世。在谈判中他们惯于声东击西，谋略多变，善于察言观色，其谈判高手素有"圆桌武士"之称。中国某公司正是面对这样一些"圆桌武士"，在上海著名的国际贸易大厦，围绕进口农业加工产品机械，进行了一场别开生面的谈判。中方在这一谈判中身手不凡，其深邃的洞察力，善于察言观色的能力，使日本"圆桌武士"俯首称臣。

面对日方的报价比国际上通行价格高出许多的实际情况，中方深知日方这是在放"试探气球"。于是中方单刀直入，坚定地指出："这个报价不能作为谈判的基础。"日本方面对中方如此果断地拒绝这个报价感到惊讶。他们分析，中方可能对国际行情有所了解，因而自己的高目标恐怕难以实现。于是他们便转移话题，介绍起自己产品的质量和优越的性能的特点来，以求采取迂回前进的方法来支持己方的报价。这种做法既回避了正面被点破的危险，又宣传了自己的产品，还说明了报价偏高的理由，可谓是一举两得，潜移默化地达到己方目标的谈判方案。但中方一眼就看破了对方所设的"空城计"。因为在谈判之前中方不仅摸清了国际行情，而且对日方产品的性能、特点、质量以及其他同类产品的有关情况也详加了解，于是，中方明知故问，不动声色地说："不知贵国生产此种产品的公司有几家？贵公司产品优于A国、C国的依据是什么？"这下击中了日方要害，他们明白中方不但掌握了国际产品的价格行情，而且对同类产品的国际市场营销情况也了如指掌。日方一下子陷入了窘境。但他们毕竟是生意场上的老手，其主谈人为了避免难堪局面借故离席，考虑对策。返席后问他的助手："这个报价是什么时候定的？"他的助手心领神会，马上回答："以前定的。"于是日方交谈人员笑着说："唔！时间太久了，一直忙于其他事务，连价格也没有来得及修改，这是我们工作上的失误。况且我们是和老朋友谈判，理应让价才对。这样吧，我去请示一下国内总公司，看能否将价格降一点下来。"

第二天，谈判继续进行，双方先漫谈了一阵，调节了情绪，融洽了感情，创造了有利的谈话气氛。日方主动说："我们请示总裁，总裁同意把价格降低100万日元。"同时日方代表夸张地说明这可是没有先例的让价。中方认为日方虽然做了一些让步，但在其中仍有许多水分，经过充分核实后，中方决定还盘价格为750万日元。日方立即回绝，并一口咬定不能以这个价格成交。几经周折后，日方一直不肯让步。中方主谈放出了"杀手锏"："我们这次之所以从几个国家的几十个厂家中选中贵公司作为引进对象，是经过长时间考虑的。这里既有产品上的考虑，也有我们两国人民之间友谊的考虑，中国正在改革开放，而且步子会越来越大，我们想和贵公司建立一种长期合作关系，并不只是一次交易。况且，日本跟中国距离很近，走海路运输设备来上海只需十几个小时。看起来我方的还价比C国产品低了一些，但减去运输费用，贵公司的利润仍然是可观的。现在国际竞争如此激烈，事实上就在我们谈判的同时，A国和C国仍然没有放弃，也想用这个价码和我们成交。"同时，中方代表把两份电传放到了日方谈判者面前。日方代表大为惊讶，对此他们没有心理准备，以为刚刚步入经济建设的中国，不懂国际惯例，没有在谈判桌上讨价还价的本领，更不会察言观色，不具备成交中的洞察力，但没想到陷入如此不利的局面，最后只能以中方的报价成交。

这个成功的例子说明在商务活动中察言观色的重要性，若没有中方人员惊人的洞察力，揭穿日方的真实意图，采取相应的对策，那么这笔生意将会以中方的巨大损失而告终。察言观色的能力还需要访谈人员注意客户的身体语言。一般来说，心有所想，身有所动。作为访谈员一定要善于从客户的动作中推测他的内心活动。

下面就会谈过程中客户的一些主要的身体语言信号加以介绍，供访谈人员参考：当你看到客户瞳孔放大时，表示他被你的话所打动，已经在接受或考虑你的建议了。客户回答提问时眼睛不敢正视你，甚至故意躲避你的目光，那表示他的回答是"言不由衷"或另有打算。客户皱眉，表示不同意你的观点，或对你的观点持怀疑态度。与客户握手时，感觉松软无力，说明对方比较冷淡；若感觉太紧了，甚至弄痛了你的手，说明对方有点虚伪；如感觉松紧适度，表明对方稳重而又热情；如果客户的手充满了汗，则说明他可能正处于不安或紧张状态之中；客户双手插入口袋中，表示他可能正处于紧张或焦虑状态之中。

给予客户肯定的反馈的重要性

给予客户肯定的反馈需要你给客户一个购买理由。为了赢得客户"货币选票"的支持，莱斯商店新招、奇招层出不穷，但他们的所有举动永远都基于这样一个前提：客户为什么要购买本店的商品。换言之，莱斯商店给了客户一个购买的理由，也就是明确地告诉了客户从他们商店购买与从其他商店购买有何不同，他们的产品能给客户带来什么利益。

当然，要想给客户一个正中下怀的购买理由就需要一个前提，那就是了解客户的需求。显然，了解客户的需要是为了满足客户的需要，而满足客户的需要无异于满足自身追逐利润的需要。这就是莱斯商店的高明之处。IBM公司的副总裁曾说过这样一句话，"我们不是卖硬件，我们卖的是解决问题的方法。"这说明，访谈应当集中在客户诉求上，它是一个发现、创造、唤醒和满足客户需求的行为。所以，一个访谈人员在访谈中，应当将其全部精力放在满足客户的需求上。

访谈的艺术核心就是访谈人员除了要了解自己的产品、依赖自己的产品、热情地访谈自己的产品，还要了解客户到底想要买些什么东西。因为向对方访谈他们所需要的东西，要比说服对方来买你所要访谈的东西容易得多。当一位母亲走进你的商店，为她8岁大的女儿买脚踏车时，你就要了解或者说知道她在找什么？需要什么？你要清楚地了解，她不只是需要一辆脚踏车，她是在寻求一种与女儿分享快乐的体验——教她的女儿如何骑车，就像她的母亲在她8岁时教她骑车一样。也就是说，她是在找寻一个值得一生怀念的美丽回忆，一个可以与女儿怀念一生的时刻。同时，她买的是带给女儿的一份安全和喜悦。基于这一认识，你要卖给这位母亲的不是最高级、可以赚得最大利润的脚踏车，而是更适合小孩用的车。当这位母亲了解到，你不是只介绍产品给她，而是在为她着想时，她会成为你的忠实客户。几年后，她的女儿又需要一辆新的脚踏车，这时她会想到你。

只有深入了解客户，才能以客户的角度出发，做到运用合适的语言、适当的表达方式来促使客户说出自己的看法和对你的反馈，然后在此基础上对客户的反馈进行肯定，这个时候，你的访谈展示过程就开始了。一个刚刚从事访谈的人员，接连四次去拜访一位老板，都被拒之门外。后来他左思右想，决定从这位老板的爱好方面入手。他打听到了这位老板喜欢卷毛狗，而且每天傍晚都会带着狗在小区里面遛弯。于是，这位访谈人员先学习了一些养狗方面的知识，又借了一只卷毛狗，也在傍晚的时候去小区中遛狗。那天傍晚，两个人像一个偶然相遇的朋友，津津有味地聊起狗来，两个人很快成为了朋友，后来自然而然成为了他的稳定客户。相反，如果一个访谈人员站在客户面前的时候，对客户一无所知，甚至都忘了客户的名字，这怎么可能成为一个优秀的访谈员呢？

曾经有一位访谈员就是因为深入了解客户，才使自己的工作顺利开展的。小李是一家著名纯净水公司的访谈人员。水市场的竞争非常激烈，但是小李的战绩出奇得好。有一次，他到了一家小商店，仔细观察来购买的客户，他发现一天卖两箱产品是不成问题的，于是就和老板攀谈了起来，老板很爽快，说我就拿两箱吧。小李就告诉老板你一次拿十箱吧。老板很纳闷，他就解释说我们公司规定一次定货超过十箱可以赠送十瓶水，你要是一次拿十箱估计几天就卖完了，而且我了解你的店离市区有很长一段距离，如果你一次购买十箱就免去了多次进货的麻烦。小店老板于是同意了这笔交易。小李正是深入了解了客户的需求，才能做成这笔生意。

始终以最佳的面貌面对客户。人不可避免地要受到许多的干扰，每个人其实都是情绪化的，谁也不可能没有一点脾气。当然谁都懂得不能将情绪带到工作中来，特别是不能带到客户那里去。见客户之前，大家都会有意识地调整好自己，但就怕在与客户交流的过程中受到干扰，从而影响自己，而这种干扰往往又是来自客户本身。因此在短时间内调整自己、恢复正常是最为关键的，自我调整需要毅力也需要方法。面对客户不仅仅是指上门拜访，还包括打电话甚至发传真等。

如何把握访谈的主动权

把握了访谈的主动权如同在比赛中掌握了主动，胜券在握。访谈主动权并不是在访谈开始之后才要求访谈人员去尽量争取，而是在访谈之前已经决定了访谈的主动权会在谁的手里。读者们不妨想一下，如果你的客户对你的访谈目的比你还要了解，对你的访谈风格和访谈内容、计划等也非常了解，在这种情况下进行访谈，访谈的主动权会掌握在谁的手里。因此，访谈人员应该比客户更加了解自己，同时比客户更加了解对方。这种情况下，访谈人员才能够比较有把握地去争取访谈的主动权。而且，在访谈没有开始之前，作为访谈人员就应该尽各种努力去争取访谈的主动权。

首先，访谈准备是否充分决定了主动权能否获得。准备好所有相关信息可以让你更加从容。在访谈这场竞赛中，有时赢，有时输，有时甚至连参赛的资格都没有。但无论如何，你都必须为这场竞赛做好准备。访谈人员要想在访谈过程中挥洒自如、游刃有余，首先要做的就是把准备工作做足。

1. 注意平时收集有关信息。最顶尖的访谈员能正确锁定目标，以免浪费时间。他们会将精力投注在目标上，把精力用在收集一切有关信息上。对自己有用的信息才算真正的信息。在信息社会里，信息的作用很大，但信息的收集主要在平时，等到用时再找就晚了。平时最重要的是要建立获取信息的渠道和掌握收集信息的方法，注意收集有关客户和市场的信息，从中发现机会或得到启发。只有掌握了收集和运用信息的正确方法，才能保证自己工作的高效。这里说的信息还包括平时的知识积累，因为在与客户交流的过程中，所谈的内容经常会远离产品、技术、市场等这些与访谈直接有关的主题，如果客户所谈的内容自己无法应和，就会与客户失去共同语言，这一定不是好事。

2. 不断完善自己的网络。这个网络可以说是关系网，但这个关系网是一个广义的概念，包括信息、资源、客户等许多方面。说到关系，自然就会想到自己的亲戚、同学、朋友，但仅有这些是不够的，在真正的工作中他们能给予的帮助是有限的。访谈人员应该跳出这个小圈子，建立自己更为广阔的网络。例如，客户、行业内的有关人士、甚至有些没有直接关系的人。建立一个自己的网络是不容易的，特别是要让他们对自己有所帮助就更难了，访谈人员必须付出极大的脑力、精力和体力。建立自己的网络就像收集信息一样，工作在平时做好，关键时刻才能显示出作用。

3. 建立完整清晰的客户档案。客户档案的内容应包括市场分类信息、潜在客户的信息、客户基本情况、访谈进展情况、客户的组织结构、每次的拜访计划和总结、竞争状态分析、与客户往来的电话记录、传真、电子邮件等。这些档案建立时很麻烦，但使用时就很方便了。特别是当你跟踪很多项目或有些项目持续时间很长时，光凭记忆一定会有很多遗漏，这时完整、清晰的档案就会显示出巨大的作用。访谈的过程中没有小事，有些你认为无所谓的事，在客户那里可能就是不可原谅的。

4. 注重第一印象和与客户的每一次接触。一般说到访谈人员的形象，总会说到穿着正规，而正规的意思基本上就是西装革履。这身装束如果是去计算机房或拜访有关领导是合适的，但在直销的过程中，特别是有些工业品，必然要下到工厂甚至车间，这时自己的西装革履就会与客户格格不入。所以说穿着很重要，但重要的不是穿什么，而是要与客户的穿着和所处的环境相和谐。第一印象不仅仅是穿着，更重要的还有自己的言行举止以及与客户交流的内容。第一印象是以后所有工作的开始，相信每个人都会特别重视自己与客户的第一次接触，但随着与客户的逐渐熟悉，往往容易造成麻痹的思想。其实客户始终就是客户，任何的纰漏都会造成不好的影响，从而有可能影响最终的结果，不要寄希望于在以后的机会中弥补以前的疏忽，因为有时可能是无法挽回的。每一次的尽善尽美就是最大的工作效率。

第四章

促成访谈交易成功的其他因素

第一节

让步的策略

对客户做出让步的原则

一位成功的企业家曾经说过这样一句话:"事情永远要在客户抱怨以前处理好。"这就是说要尽力避免客户产生抱怨。可是任何事情都不是绝对的,企业对客户的服务也不能保证万无一失,所以就可能发生客户的期望水平得不到满足的情况,从而产生对企业的抱怨,面对客户的抱怨和不满,以及发展到最后产生的过分要求等,该怎样处理?即使客户是错的,访谈人员也要懂得在适当的时候做出让步,这对于维护长期的客户关系是必要而且重要的。因为客户的成长需要一个过程,当客户的成熟度不高时,如果你过分地强调在产品和服务上客户的看法是错的,那么,很可能打击了客户的信心和自尊,从而对产品产生反感,那么你很可能从此失去了一个好客户。让步需要讲究策略,让步的策略是客户访谈中需要的一项本领和艺术。那么,为了更好地学习这项策略,向客户让步的策略是需要学习和实践的。总的来说,向客户做出让步的策略主要有以下三点:

1.客户始终是正确的。这是一项非常重要的策略基础。只有坚定了客户永远都正确的观念,才会有平和的心态来处理客户的所有要求,包括过分的要求。这个原则包括三个方面的含义:

首先应该认识到,有抱怨和不满的客户,能够提出尖锐问题的客户是对企业仍有期望的客户。其次,对于客户的过分要求不应该立马还击,而是应该表示理解。最后，尽可能地让客户满意。在商务谈判的过程中，在准确理解对方利益的前提下，努力寻求双方各种互利的解决方案是一种正常达成协议的方式，但在解决一些棘手的利益冲突问题时，如双方就某一个利益问题争执不下时，例如，房东与承租人之间的房租问题、在国际贸易中的交货期长短问题、最终的价格条款的谈判问题等，恰当运用让步策略是非常有效的。

我们认为，在利益冲突不能采取其他的方式协调时，客观标准的让步策略使用在商务谈判中会起到非常重要的作用。成功让步的策略和技巧表现在谈判的各个阶段，但是，要准确地、有价值地运用好让步策略。

2. 让步需要讲究时机。所谓让步策略中的时机原则就是在适当的时机和场合做出适当适时的让步，使谈判让步的作用发挥到最大、所起到的作用最佳。虽然让步的正确时机和不正确时机说起来容易，但在谈判的实际过程中，时机是非常难以把握的，常常存在以下两种问题：① 时机难以判定，例如认为谈判的对方提出要求时就认为让步的时机到了或者认为让步有一系列的方法，谈判完成是最佳的时机；② 对于让步的随意性导致时机把握不准确，在商务谈判中，谈判者仅仅根据自己的喜好、兴趣、成见、性情等因素使用让步策略，而不顾及所处的场合、谈判的进展情况及发展方向等，不遵从让步策略的原则、方式和方法。这种随意性导致让步价值缺失、让步原则消失，进而促使对方的胃口越来越大，在谈判中丧失主动权，导致谈判失败，所以在使用让步策略时千万不得随意而为之。

3. 对客户做出让步时，条件要清晰，立场要鲜明。在客户谈判的让步策略中的清晰原则是：让步的标准、让步的对象、让步的理由、让步的具体内容及实施细节应当准确明了，避免因为让步而导致新的问题和矛盾。常见的问题有：① 让步的标准不明确，使对方感觉自己的期望与你的让步意图错位，甚至感觉你没有在问题上让步而是含糊其辞；② 方式、内容不清晰，在谈判中你所做的每一次让步必须是对方所能明确感受到的，也就是说，让步的方式、内容必须准确、有力度，对方能够明确感觉到你所做出的让步，从而激发对方的反应。

要懂得何时做出弥补，以使最后的结果不至于太差。如果迫不得已，己方再不做出让步就有可能使谈判夭折的话，也必须把握住"此失彼补"这一原则。即这一方面（或此问题）虽然己方给了对方优惠，但在另一方面（或其他地方）必须加倍地，至少均等地获取回报。当然，在谈判时，如果发觉此问题己方若是让步可以换取彼处更大的好处时，也应毫不犹豫地给其让步，以保持全盘的优势。

在客户谈判中，为了达成协议，让步是必要的。但是，让步不是轻率的行动，必须慎重处理。成功的让步策略可以起到以局部小利益的牺牲来换取整体利益的作用，甚至在有些时候可以达到四两拨千斤的效果。

明确让步的最终目标

向客户让步是为了达到最终的目的的途径之一，并不是最后的结果。因此不与客户争辩是必须坚持的一贯原则。就算是客户错了，也不要与之争辩。心中要始终存有这种观念：客户是上帝，他们的一切都是正确的，即使是客户在与企业的沟通中因为存在沟通障碍而产生误解，也绝不能与客户进行争辩。当客户抱怨时往往有情绪，与客户争辩只会使事情变得更加复杂，使客户更加情绪化，导致事情恶化，结果是赢得了争辩，失去了客户与生意，又有什么意义呢？因此，在让步的过程中要牢记目标价值最大化的重要性。应当承认，在商务谈判中的很多情况下的目标并非是单一的一个目标，在谈判中处理这些多重目标的过程中不可避免地存在着目标冲突现象，谈判的过程事实上是寻求双方目标价值最大化的一个过程，但这种目标价值的最大化并不是所有目标的最大化，如果是这样的话，就违背了商务谈判中的平等公正原则，因此也避免不了在处理不同价值目标时使用让步策略。不可否认在实际过程中，不同目标之间的冲突是时常发生的，但是在不同目标中的重要价值及紧迫程度也是不相同的,所以在处理这类矛盾时所要掌握的原则就需要在目标之间依照重要性和紧迫性建立优先顺序,优先解决重要及紧迫目标,在条件允许的前提下适当争取其他目标,其中的让步策略核心就是保证重要目标价值的最大化,如关键环节——价格、付款方式等。成功的商务谈判者在解决这类矛盾时所采取的思维顺序是:① 评估目标冲突的重要性、分析自己所处的环境和位置,在不牺牲任何目标的前提下冲突是否可以解决;② 如果在冲突中必须有所选择的话,区分主目标和次目标,以保证整体利益的最大化,但同时也应注意目标不要太多,以免顾此失彼,甚至自相混乱,留给谈判对手以可乘之机。

为了保证最终谈判目标的实现,你应该清楚地认识到让步的底线在哪里。运用刚性原则来保证让步的最终底线不受影响。在谈判中,谈判双方在寻求自己目标价值最大化的同时也对自己最大的让步价值有所准备,换句话说,谈判中可以使用的让步资源是有限的,所以,让步策略的使用是具有刚性的,其运用的力度只能是先小后大,一旦让步力度下降或减小则以往的让步价值也失去意义。谈判对手对于让步的体会具有"抗药性",一种方式的让步使用几次就失去效果,同时也应该注意到谈判对手的某些需求是无止境的。必须认识到,让步策略的运用是有限的,即使你所拥有的让步资源比较丰富,但是在谈判中对手对于你让步的体会也是不同的,并不能保证取得预先期望的价值回报。因此,在刚性原则中必须注意到以下几点:① 谈判对手的需求是有一定限度的,也是具有一定层次差别的,让步策略的运用也必须是有限的、有层次区别的。② 让步策略的运用的效果是有限的,每一次的让步只能在谈判的一定时期内起作用,是针对特定阶段、特定人物、特定事件起作用的,所以不要期望满足对手的所有意愿,对于重要问题的让步必须给予严格的控制。③ 时刻将让步资源的投入与你所期望效果的产出进行对比分析,必须做到让步价值的投入小于所产生的积极效益。在使用让步资源时一定要有一个所获利润的测算,你需要投入多大比例来保证你所期望的回报,并不是投入越多回报越多,而是寻求一个两者之间的最佳组合。

客户访谈成功的秘诀

让步的艺术——如何让客户知道你在为他着想

有一位教徒问神父："我可以在祈祷时抽烟吗？"他的请求遭到神父的严厉斥责。而另一位教徒又去问神父："我可以吸烟时祈祷吗？"后一个教徒的请求却得到允许，悠闲地抽起了烟。这两个教徒发问的目的和内容完全相同，只是谈判语言表达方式不同，但得到的结果却相反。由此看来，表达技巧高明才能赢得期望的谈判效果。而当你在谈判中表达自己的让步，最关键的一点是让客户知道你做出了让步，而不在于你到底做出了什么样的让步。因为这个时候客户需要的是别人的理解和接受，希望自己提出的要求别人能够考虑，因此，让步的重要一点是，让客户知道你做出了让步，考虑到他的需求，在为他着想。那么，如何才能做到这一点呢？语言的表达技巧相信能够让你更得客户的心。同样一句话，不同的人说出来，效果是不一样的。原因在于他们使用了不同的表达方式，因此产生了不同的效果。如果你能够在让步的过程中使用恰到好处的语言技巧，相信你的客户会在语气上、立场上有所改变，他会因为你的让步而做出自己的相应让步，这样访谈就能朝着更好的方向发展。

谈判的语言技巧在营销谈判中运用得好可带来营业额的高增长。在访谈的过程中也是。给客户多一点选择空间和余地，表明自己正在考虑做出让步，这个语言技巧的作用很重要。比如，某商场休息室里经营咖啡和牛奶，刚开始服务员总是问顾客："先生，喝咖啡吗？"或者是："先生，喝牛奶吗？"其销售额平平。后来，老板要求服务员换一种问法，"先生，喝咖啡还是牛奶？"结果其销售额大增。原因在于，第一种问法，容易得到否定回答，而后一种是选择式，大多数情况下，顾客会选一种。

你想到一家公司担任某一职务，你希望月薪 2 万元，而老板最多只能给你 1.5 万元。老板如果说"要不要随便你"这句话，就有攻击的意味，你可能扭头就走。而老板不那样说，而是这样跟你说："给你的薪水，那是非常合理的。不管怎么说，在这个等级里，我只能付给你1万元到1.5万元，你想要多少？"很明显，你会说1.5万元，而老板又好像不同意说："1.3万元如何。"你继续坚持1.5万元。其结果是老板投降。表面上，你好像占了上风，沾沾自喜，实际上，老板运用了选择式提问技巧，你自己却放弃了争取2万元月薪的机会。当你作为顾客与店主进行谈判时，你有没有运用语言技巧呢？我们不妨先看一则笑话。有一次，一个贵妇人打扮的女人牵着一条狗登上公共汽车，她问售票员，"我可以给狗买一张票，让它也和人一样坐个座位吗？"售票员说："可以，不过它也必须像人一样，把双脚放在地上。"售票员没有否定答复，而是提出一个附加条件：像人一样，把双脚放在地上，却限制对方，从而制服了对方。学会谈判并不是一件难事，只要你努力学习，掌握有关的谈判技巧和策略，你一定能够成为谈判高手。

谈判是所有销售工作中不可或缺的关键一环，很多人销售工作做得很好，但一提到谈判就如鲠在喉。谈判既是矛也是盾。进，可以攻击对手。退，可保护自己。使自己的利益最大化是每一个谈判者的最终目标。但每个谈判者都应该牢记：每次谈判都有潜在的共同利益，只有围绕着共同利益，才可以使谈判顺利进行下去。

创造轻松、宽松的环境氛围。既然是谈判，那么双方就需要交流，谁都喜欢一个宽松的交流环境，因为人在轻松和谐的气氛中，更容易听取不同意见。高明的谈判者往往都是从中心议题之外开始，逐步引入正题。什么天文地理，轶闻趣事。对方喜欢什么，我们就聊什么。让双方把紧绷的神经放松下来。轻松和谐的谈判气氛，能够拉近双方的距离。切入正题之后就容易找到共同的语言，化解双方的分歧或矛盾。在套近乎的同时，高明的谈判者会随着话题的不断深入，采取挤牙膏的方法，顺顺当当地使对方做出一个又一个的承诺，直到达到自己的预期为止。

化解客户的消极、对立情绪，减少与客户的言语冲突。虽然我们都在追求双赢，但不是任何问题都能达到双赢，通常谈判陷入僵局大多是因为谈判者采取了态度非常强硬的方式。这时的情况只有一种：必须有一方做出一定的让步来达成协议。但这样，谈判就会变为一场意志力的较量，看谁最固执或者谁慷慨。这时，谈判就会陷入一场持久的僵局中，不利于双方以后的进一步合作。这时候，我们就需要淡化立场，而要追求利益的共同点，因为我们许多人在感情用事下，往往忽略了在双方对立的立场背后，既存在冲突的利益，还可能存在共同的或可以彼此兼容的利益。当然，让步的谈判并不等于是失败的谈判。在谈判中最忌讳的是随意做出不当的让步。有经验的谈判者会用对自己不重要的条件去交换对对方无所谓、但对自己却很在意的一些条件。这样的谈判才是一个双赢的谈判。

隐藏你的感情——并不是要你虚情假意，而是让你恰当地表达自己的感情。在商务交往中，人的情绪高低可以决定谈判的气氛，如何对待谈判者的情感表露，特别是处理好谈判者的低落的情绪，甚至是愤怒的情绪，对今后双方的进一步合作有深远的影响。当然，我们期待谈判对手的感情表露能有助于谈判的顺利进行。但个人的情绪是有一定的传染性。有时处理不当，矛盾激化，会使谈判陷入不能自拔的境地。双方为了顾及"脸面"而彼此绝不做出任何让步，结果双方之间很难再合作下去。

为客户提出最佳选择，让他明白你在为他着想。要想最快地达到谈判的目的，就需要做多方面的准备，比较好的方法是根据实际情况，提出多个选择方案，从中确定一个最佳方案，作为达成协议的标准。有了多种应付方案，就会使你有很多的余地。同时，你的最佳选择越可行、越切合实际，你改变谈判结果的可能性就越大。因为你充分了解和掌握达成协议与不达成协议的各种利弊关系，进而就比较好地掌握了谈判的主动权，掌握了维护自己利益的方法，就会迫使对方在你所希望的基础上谈判。

如何避免客户的过分要求

客户谈判中，最常出现的是客户讨价还价的行为。这种行为是难免的，

第四章　促成访谈交易成功的其他因素

也是正常的，有时对方提出的要求或观点与自己相反或相差太远，这就需要拒绝、否定。但若拒绝、否定比较死板、武断甚至粗鲁，那就会伤害对方，使谈判出现僵局，导致生意失败。高明的拒绝否定应是审时度势，随机应变，有理有节地进行，让双方都有回旋的余地，使双方达到成交的目的。在这里，对于客户的过分要求不能简单地对客户说不，因为既然客户提出了自己的想法，那么他的心里肯定会希望你能够接受这个要求，如果你对之仅仅一个"不"字完事，可想而知客户会有什么样的反应。有时就算是客户要求的服务水准太高，你根本无法达到或来不及安排，或者不愿意提供，你也不能对客户置之不理而不做任何解释，最好的办法是如实告诉客户你的局限。当你勇于承认自己的短处时，客户往往会赞赏你的诚实，这会使客户更加信任你，而且也不会对你抱不切实际的期望。此外，还有一个方法也可以增加客户对你的好感，那就是当你没有能力去为他解决问题时，着急地去帮助他们寻找解决问题的方法，比如，你可以告诉他："没有问题，虽然我们没有这项业务，但我知道哪些企业有，这是他们的名字和电话，如果他们也没有办法，请打电话给我，我会告诉你其他企业信息。"如果你不知道哪家公司能够提供客户要求的服务，就对他说："我不知道，但让我查一查，我会免费为您找些名单。"客户看到你这么为他着想，心里肯定会感到特别受到重视，特别舒服，以后再有同样的需求肯定首先就会想到你。此外，使用一些恰当的方法和技巧也是需要的。

灵活使用幽默拒绝法。无法满足对方提出的不合理要求，在轻松诙谐的气氛中讲述一个精彩的故事让对方听出弦外之音，既避免了对方的难堪，又转移了对方被拒绝的不快。某公司谈判代表故作轻松地说："如果贵方坚持这个进价，请为我们准备过冬的衣服和食物，总不忍心让员工饿着肚子瑟瑟发抖地为你们干活吧！"某洗发水公司的产品经理，在抽检中发现有分量不足的产品，对方趁机以此为筹码不依不饶地讨价还价，该公司代表微笑着娓娓道来："美国一专门为空降部队伞兵生产降落伞的军工厂，产品不合格率为万分之一，也就意味着一万名士兵将有一个在降落伞质量缺陷上牺牲，这是军方所不能接受和容忍的，他们在抽检产品时，让军工厂主要负责人亲自跳伞。据说从那以后，合格率为百分百。如果你们提货后能将那瓶分量不足的洗发水赠送给我，我将与公司负责人一同分享，这可是我公司成立8年以来首次碰到使用免费洗发水的好机会哟。"这样拒绝不仅转移了对方的视线，还阐述了拒绝否定的理由，即合理性。

移花接木法。在谈判中，对方要价太高，自己无法满足对方的条件时，可移花接木或委婉地设计双方无法跨越的障碍，既表达了自己拒绝的理由，又能得到对方的谅解。如"很抱歉，这个超出我们的承受能力……""除非我们采用劣质原料使生产成本降低50%才能满足你们的价位。"暗示对方所提的要求是可望而不可及的，促使对方妥协。也可运用社会局限如法律、制度、惯例等无法变通的客观限制，如"如果法律允许的话，我们同意。如果监管部门首肯，我们无异议。"

肯定形式，否定实质。人人都渴望被了解和认同，可利用这一点从对方意见中找出彼此同意的非实质性内容，予以肯定，产生共鸣，造成"英雄所见略同"之感，借机顺势表达不同的看法。某玩具公司经理面对经销商对产品知名度的诘难和质疑，坦然地说："正如你所说，我们的品牌不是很知名，可我们将大部分经费运用在产品研发上，生产出式样时尚、质量上乘的产品，面市以来即产销两旺，市场前景看好，有些地方竟然脱销……"

迂回补偿法。谈判中有时仅靠以理服人、以情动人是不够的，毕竟双方最关心的是切身利益，断然拒绝会激怒对方，甚至交易终止。假使我们在拒绝时，在能力所及的范围内，给予适当优惠条件或补偿，往往会取得曲径通幽的效果。自动剃须刀生产商对经销商说："这个价位不能再降了，这样吧，再给你们配上一对电池，既可赠送促销，又可另作零售，如何？"房地产开发商对电梯供销商报价较其他同业稍高极为不满，供货商信心十足地说："我们的产品是国家免检产品，优质原料，进口生产线，相对来说成本稍高，但我们的产品美观耐用，安全节能，况且售后服务完善，一年包换，终生维修，每年还免费两次例行保养维护，解除您的后顾之忧，相信您能做出明智的选择。"

如何对客户说不

客户访谈中有一项特别的任务——客户谈判。你的访谈任务是围绕着谈判进行的，谈判是访谈的一种特殊形式，在你需要与客户协商有关事宜，对一些存在争议性的问题试图达成协议和一致性的看法的时候，就需要用到谈判。特别是针对大客户，大客户往往依仗着自己作为企业大客户的独特地位，提出一些很特别的要求，比如，在产品价格上、在服务上等。因此，大客户谈判是一项重要而复杂的工作，往往不是一个访谈人员能够独当一面、独立完成的，需要一个高效率的团队共同完成，所以，尽管是初级访谈人员，没有充分的谈判经验，也有可能参与到大客户谈判中来。为了在大客户谈判中能够更充分地发挥你的作用和能力，更快地成长，你需要做出更多的努力，学习更多的技巧。而如何对客户说不——是非常重要的一项技能。大客户谈判中不仅充满了让步，同时也充满了拒绝。如果说没有让步就没有谈判的话，那么，没有拒绝不仅没有了让步，同时也就没有了谈判。

首先，让步的本身也就是一种拒绝，因为让步是相对的，也是有条件或有限度的。试想难道会有人愿做无条件、无限制的让步吗？所以，一方的让步既说明他答应了对方的某种要求，同时也意味着拒绝了对方更多的要求。假定在某次买卖中，甲方报价1000万元，乙方报价600万元。当甲方让步到900万元时，实际上拒绝了乙方的600万元；而乙方让步到700万元时，也意味着拒绝了甲方的900万元。所以说让步中蕴涵了拒绝。

其次，拒绝本身也是相对的。谈判中的拒绝决不是宣布谈判破裂、彻底失败。拒绝只是否定了对方的进一步要求，却蕴涵着对以前的报价或让步的承诺。而且谈判中的拒绝往往不是全面的，相反，大多数拒绝往往是单一的、有针对性的。所以，谈判中拒绝某些东西，却给对方留有在其他方面讨价还价的可能性。就拿上例来看，假定讨价还价进行下去，在第二轮让步中，甲方让步到850万元，乙方让步到750万元；在第三轮让步中，甲方再让步到820万元，乙方让步到780万元时，形成了僵局。双方拒绝再在价格上作任何让步了。此时，甲方的820万元既是对乙方780万元的拒绝，同时也是一种新的承诺，即可以在此价格上成交。乙方的780万元也同样蕴涵了这两层意思。假定为了打破僵局，乙方用"附加条件让步法"提议：如果甲方能把交货期提前10天，乙方可以考虑把价格再提高10万元。甲方表示赞赏乙方的提议，不过甲方认为，如果价格定在800万元的话，那么可以满足乙方提前10天交货的要求。最后双方达到了价格800万元、提前10天交货的协议，握手成交。可见，拒绝绝非意味着关上了所有的大门。

谈判中的拒绝，说是技巧也好，艺术也好，是指拒绝对方时，不能板起脸来，态度生硬地回绝对方。相反，要选择恰当的语言、恰当的方式、恰当的时机，而且要留有余地。这就需要把拒绝作为一种手段、一种学问来探究。下面介绍几种商务谈判中常见的拒绝技巧：

巧妙提问题。所谓提问题，就是面对对方的过分要求，提出一连串的问题。这一连串的问题足以使对方明白你不是一个可以任人欺骗的笨蛋。无论对方回答或不回答这一连串的问题，也不论对方承认或不承认，都已经使他明白他提的要求太过分了。

适当使用借口。现代企业不是孤立的，它们的生存与外界有千丝万缕的联系。在谈判中也好，在企业的日常运转中也好，有时会碰到一些无法满足的要求。面对对方或者来头很大，或者过去曾经有恩于你，或者是你非常要好的朋友、来往密切的亲戚，如果你简单地拒绝，那么很可能你的企业会遭到报复性打击，或者背上忘恩负义的恶名。对付这类对象，最好的办法是用借口法来拒绝他们。

第二节

成功成交的几点创意

切记：不要凌驾于客户之上

如何促成访谈的交易往往是访谈人员希望达到的目标。为了这个目标，访谈人员使遍浑身解数，将各种办法都应用了。因此有的人将访谈人员促成成交的过程比做追女孩子，也颇有点道理。女孩子不好追，你主动与之接近，可她心眼奇小如海底针，她心思善变如天上云，欲迎还拒、最难捉摸；客户也不好求，你上门寻求合作，可他们对你的条件诸多挑剔，他们索要的要求让人为难，店大欺厂。如果说"自古唯女子与客户难追也"，以为亦无不当。有位营销专家打趣说："我并非恋爱专家，但在商场跌打滚爬久了，觉得争取客户极像追求女孩子，细究起来，其实也是一场斗智斗勇、比耐力拼决心的'追求长跑'。"这两者虽然被许多人视作极困难之事，却深藏学问，其中大有规律可循、多有技巧可寻。最浅显的道理是，与客户初次见面或交情尚浅，就不好开门见山直奔主题，要求请你向我下100万元订单。这就好像我们在街上遇到漂亮的女孩，虽然看着喜欢，却不可以跑上去跟她讲"请你嫁给我吧"。为什么？因为大家还不了解呀，怎好贸然把终身托付给你！这里所说的凌驾于客户之上要求访谈人员要放低姿态，不管对方是多小的客户，不管是否能够达到最终的成交目的，访谈人员都要做到把姿态降低，把态度摆好，这样的心态和做法才是正确和长久的。

要增进了解，第一步是找机会相处，并将自己的心态和位置放低。有一

客户访谈成功的秘诀

家服务企业,对营销人员即有"四勤、三责任"的要求——"勤访客户、勤当消费者、勤当旁观者、勤作导购员;客户赚不到钱是我们的责任,客户卖得不好是我们的责任,客户不满意更是我们的责任。""勤访客户"的标准是,一个月中,至少有20天是必须出差在外的。做这样的规定,就是为了让访谈人员花时间与客户多相处。这很好理解:追女孩子,讲究脸皮厚、鞋底厚;访谈人员对目标客户,也理应死缠烂打、紧盯不放,又不致使其对你嫌憎。我们拜访客户,有所谓的"成功五步诀",说的是:第一次拜访客户,没被赶出来,就已经成功了;第二次,给对方名片而没被当场扔掉,就已经成功了;第三次,客户肯赐你一张名片,就已经成功了;第四次,肯给你5分钟时间介绍企业与产品,就已经成功了;第五次,肯接受你的邀请吃一顿饭,就已经成功了。这样的容易满足兼自我宽慰,虽然几近阿Q胜利法,却是优秀访谈人员必须具有的心理素质,即使遭到拒绝、攻关受挫,也不会灰心丧气甚至萌生退意。

鲜花攻势很重要。浪漫是需要金钱来营造的,女孩子多喜欢风花雪月、偏爱鲜花和巧克力,所以千万别吝啬你的小钱,多送礼物才能拨动她的心弦;对于客户,如果开展"鲜花攻势",同样是博取好感、增进友情的良策。笔者有位朋友,一心想把产品卖给一家经销商,为此没少请对方老总吃饭,但是成效终是不彰。一打听,原来是该老总天天有人请吃喝,多到让他记不住每一个做东者。朋友就心生一计,把该老总请到乡下吃农家饭。后者平常出入多为高档酒楼饭店,赴这样特别的饭局却是头一遭,所以对朋友的安排特别满意,印象自然深刻。结果你已猜到——生意很顺利就成交了。这个故事说明:越是大客户,就像是最漂亮最出众的女孩子,越是有大批追慕者在其身边围着打转。如果别人都送玫瑰你也送玫瑰,别人送999朵你也照送999朵,那你不过是众多追慕者中顶不起眼的一位,怎能叫人有感觉?是故,"鲜花攻势"也讲究策略,最忌没有个性而落入俗套。

商家选择合作方的标准,同样可以部分参考女孩子挑男朋友的眼光:诚实、可靠,总之要有安全感。这也难怪,目前国内的诚信体系还很不健全,同时，随着市场竞争加剧，许多看似庞然大物的企业，不定哪天就在大浪淘沙中被涤荡得没了影啦，所以商家不得不很警惕，担心傍上"骗子企业"和"短命鬼"。对此，营销人仍然可以从中找到解决之道：男人向女孩子求婚前，畅谈美好的未来，向她表忠心，成功概率即会倍增；我们见了客户，也不妨多多介绍企业宏大发展规划、描绘双方合作蓝图。这样，既增谈资，又可建立诚信可靠的正面形象。有时候，也要勇担责任。君不见，女孩子偶尔闹闹小脾气使使小性子，可能为了一些连她自己都说不清的原因。做男友的，一声不吭、态度老实，等她骂得差不多时，还关心一句："别气坏了身子，不管什么原因惹你生气是我不对。"这样的心态和态度怎能让客户再拒绝？追客户犹追女孩子，纵然爱她，也该有一定的原则，不可将之捧上天。说这话可能会招来女孩子的一片骂声，但事实就该如此。笔者近期与一零售巨头谈判，希望产品能进驻其名下的卖场。但对方开出的条件实属苛刻，让人难以接受。多谈无益，笔者就明确告之我方底线，并略为透露说同城的另一家商业巨头正有意同我方合作；此后有一周的时间，对该零售巨头做了"冷处理"。我们态度的变化，使对方顿感失落，而竞争者的加入，越发增加了其危机感。权衡之下，对方就主动向我方示好，成功联姻。所以说，一味迎合退让，只会让人看不起；不亢不卑才是正确的交友、为商之道。

至于营销口才，哪里都可以学。马路上有人吵架，你去听听也能学到一些。梁实秋先生归纳有"骂人十法"——在知己知彼、不骂不如己者、适可而止、旁敲侧击、态度镇定、出言典雅、以退为进、预设埋伏、小题大做、远交近攻这十大绝招之中，骂街者只消运用了其中的一二项，对营销人来说可谓足矣。

对客户反馈进行最完美的回应

客户的反馈是最重要的信息，特别是当访谈已经进入到非常深入的阶段,这个时候来自客户的任何信息都不能放过。因为每一个细节都有可能促成客户下定决心,让你的访谈获得成功。因此,把握好客户的反馈并进行有效的回应,一步一步地引导客户促成成交,是访谈人员的一项必要修炼。下面这些方法是访谈专家们在多年的访谈经验中总结出来的。通过对它们进行仔细研究相信一定可以帮助你更好地把握客户的反馈,提高与客户互动交流的能力。

根据客户的反馈,直接请求成交。这个方法是最直截了当、开门见山的方法。直接请求即明确地直接要求客户购买产品的成交方法。直接请求成交适用于客户已有明显的购买倾向但仍在拖延时间的情况。比如客户会对你提出更加细节的问题,在这种情况下,很可能客户已经有了一定的购买倾向,你需要做出的反馈就是明确地提出成交的意向。这种直接请求成交的方法也适用于一开始提出很多问题、经过访谈人员的解释已提不出什么问题、但是仍然不愿意主动开口说购买的客户。直接请求成交的方法可以有效地促成购买,可以借要求成交向客户进行直接提示并略施压力,可以节省时间而提高销售工作效率,因而是一种最基本和最常用的方法。但是过早地直接提出成交可能会破坏不错的销售气氛,可能会给仍然没有下最后决心购买的客户增加心理压力,可能使客户会认为访谈人员有求于他,从而使访谈人员处于被动。另外,值得提醒的一点是,在提出成交要求的时候,应该注意在心理上应做到不自卑,神态上不紧张,语速不快不慢,动作不要有大的变化,以免给客户形成做作的心理印象,影响成交。

试用成交法——将产品留给决心不够的客户。有的客户在谈到最后,心里仍然对产品和服务不够自信,态度不够积极,这个时候,访谈人员应该想办法把产品留给客户,使客户对产品拥有一段时间的使用权从而促成客户购买,这是最常用的成交技巧。试用成交法适用于确实有需求但是一时不能下最后决心的客户,从产品和服务的角度来看,适用于在使用过程中损失不大的产品。只要做得恰到好处,签下订单不成问题。把产品留给客户一段时间让其使用之后,客户会从亲身消费体验中看到这个产品的优点和利益。这个时候再进行客户回访，从客户的反馈中我们能够捕捉到其对于产品的评价信息，从这些信息当中进行分析，对其反馈信息做出相应的回应。比如，允许客户在使用不满意时退还产品，而不必承担任何责任，在客户试用期间，应帮助客户总结使用心得，直到客户科学合理地使用产品，开展一些销售服务业务，尽量扩大影响。

如果你的客户总是对产品不满意，总是存在怀疑，对于客户这样的反馈，你怎么办？这个时候，为客户提供一定的优惠是不错的方法。访谈人员可以通过向客户提供进一步的优惠条件而促成成交，求得利益是客户的基本购买动机，那么优惠成交法就是利用客户的这一心理促成成交的方法。

你的品牌——塑造你独特的访谈风格

你所要拜访的客户可能已经与多个访谈人员打过交道，你并不是第一个，也不一定会取得访谈的成功。那么，为了达到访谈的成功，为了让客户对你留下深刻的印象，你要做的除了认真地准备访谈，恰当地把握访谈过程，在访谈结束后仔细总结经验以外，你还需要别的更重要的东西，那就是——塑造你独特的访谈风格。成功只青睐于"有好习惯的人"，习惯是企业文化，好的习惯是生产力。无数好的习惯综合起来，结合在一起，就会形成你自己的访谈特点。可能客户记住的并不是你的产品，但他很可能会记住你，记住了你，就成功了一步。你的品牌就是产品的品牌，将个人的访谈特点与公司的宗旨、服务特点和产品性能结合在一起，成为互相补充的一个形象，你的客户一定会对你留下深刻的印象。

访谈的风格主要由你的性格和表现出的人格魅力所决定。但经过调查表明，访谈人员总有一些品质是令大多数客户赞赏的，这些关键的品质和特性如同产品的品牌一样能够打动客户的心。客户相信他们，进而也相信他们所提供的服务。这些特性也是可以学习和逐步培养的，通过形成好的品质让你的特质日益明显，让你的客户对你越来越赞赏。

你可以从以下方面入手来培养你的品格特性：无论在任何情况下都要尽量争取履行你答应过的、承诺过的、签约好的事情，不开空头支票。把简单的事情做得不简单，将容易的事情做得不容易。记住你的承诺，并超值提前兑现，将所有惊喜跳到你的眼前。说到不如做到，做好了才算好。为了培养你高效的工作能力和高效拜访客户的能力，学习高效能人才的七种能力能够有所帮助。

①学习与"狼"共舞，首先把自己变成"狼"——优胜劣汰，适者生存。②笨鸟先飞，重在学习——主动学习。不断充电，快速学习。③培养狗一样灵敏的嗅觉。善捕信息、抓住时机。④鹦鹉学舌，学出人样来——善于说话。学会说话，讲究艺术。⑤像牧羊犬一样的能干——领导、管理。协调领导、管理自如。学会领导别人与被别人领导。⑥别学猴子掰苞米。学会选择，学会放弃——善于取舍。⑦像蜘蛛一样的织网者。拓展E时代，创造新神奇。

坚持诚信营销——亲自参与使用产品（试验、示范、推广），找出一点永恒的东西：一个有实力的、诚信的合作伙伴；与政府"亲密接触"，以达到分享政府资源的目的，增强信任感。练就你独特的语言功力是一个好招牌。"语言风趣中听，愉悦顾客心情"，客户高兴了，你的机会就来了！多想、多说、敢说，风趣中听的语言能化解顾客购买时的心中障碍。令人心情舒畅，回味无穷。它是终端之战，短兵相接时的制胜法宝。把握客户，力争主动——只有主动，才能创造机会。

无论何时，都要牢牢树立品牌意识，坚决抵制"鼠目寸光"的行为。做到这一点并不容易，有时候听起来简单，但是做起来难。如何才能做到坚持不放弃呢？你要时刻牢记下面的话：勿为蝇头小利，损坏企业形象（企业形象包括知名度、美誉度）；以小失大，得不偿失。常规产品比品牌，比价格。正常的操作是有品牌，价格略高于竞品；反常的操作是有品牌，（售）价格略低于竞品。产品是钞票，品牌是印钞机！没有品牌，如同一叶孤舟在茫茫大海中漂流！何日才可以靠岸？唯有迷茫！树立品牌、经营品牌，如同我们爱护我们自己的眼睛一样，盲品没有出路！

激发客户好奇心——由你做主

一个新来的访谈人员在工作的第一个月向经理解释为什么访谈的效果不佳。他说："经理，我能把马引到水边，但是没办法让它每次都喝水。""让他们喝水？"经理急了，"让顾客喝水不是你的事，你的任务是让他们觉得渴！"在上面戏剧性的一幕中，经理的观点非常有趣。访谈人员的工作并不是让客户购买，而是发现新的机会，激发客户的兴趣，最后的购买行为还要靠专门的访谈人员来进行促成。仅仅凭借访谈人员的力量是远远不够的。因此，访谈人员要时刻不要忘记自己最大的任务是激发客户的兴趣，引起他的好奇心，这样客户就会想更多了解你提供的产品或服务，访谈能够达到这样的效果就是成功的。

如何激发客户的好奇心？访谈人员如果能够成功吸引客户的注意，就是一个非常好的开端，是访谈的关键。因为怀有好奇心的客户会选择参与，反之则不然。激发客户好奇心是第一步，你激发他们好奇心的能力越强，客户越对你的产品和服务感兴趣，也是促使客户进一步了解你所提供的产品或服务的火花。激发客户的好奇心并不难，难就难在你能否掌握主动权，由你做主来激发客户好奇！下面这些方法是心理学家结合人的心理反应总结出的方法，这些方法可以帮助你来把握客户的好奇心理，激发其兴趣。

避免开门见山——留有悬念。在提问销售法中，我们希望客户感到好奇，希望他们提出问题，希望他们"渴"，并从中进一步获得我们所能提供价值的更多信息。这就要求我们在策略上做出改变，不能再试图通过罗列冗长的产品或服务的特点及其利益来引起客户的兴趣，而是要在这之前先激起客户的兴趣，从而创造新的机会，去发现客户需求并提供价值。好奇心是打

客户访谈成功的秘诀

开客户内心大门的钥匙,如果客户对你是谁、能为他们做什么感到好奇,你就已经引起他们的注意了。相反,如果他们一点也不好奇,你就会寸步难行。换句话说,如果能激起客户的好奇心,你就有机会获得信赖、建立客户关系、发现客户需求、提供解决方案、获得客户购买的反馈。激发人们的好奇心并不难,有许多方式可以激发人们的好奇心。实际上,最简便的方法就是问:"猜猜怎么样了?"差不多每一个听到这话的人都会立刻停下手边的工作说:"怎么样了?"这个小小的问题就可以创造一个"迷你氛围"。前面已经解释过了,你必须首先获得客户的时间和注意力,以便陈述产品或服务的价值,这被称为创造销售氛围。在销售刚开始的时候,我们必须首先获得客户一定的注意力,这可能是你与客户建立终身关系的机会。

发送有吸引力的电子邮件——大多数访谈人员都喜欢用 E-mail 发送信息,这样可以轻而易举地把信息传达到忙碌的客户那里。但是,顾客和潜在客户可能已经因收到过多 E-mail 而头疼,不得不沙里淘金般挑选出其中真正的重要信息。当客户留言 E-mail 时,你可以设想他们是根据发送人和主题来确定阅读的先后次序。那些看上去很紧急的邮件肯定是会先阅读的,接下来就是那些让他们感到好奇的信息了。访谈人员有一个坏习惯,就是在主题中告诉客户他们要说的内容是什么。但如果你在主题中把你的目的告诉了客户,那他们还用得着阅读全文吗?他们的好奇心已经得到了满足。提问销售法认为设置 E-mail 主题的唯一目的就是让客户感到好奇。所以发 E-mail 的主题应该很简单,目的是让潜在客户、顾客和合作者注意到主题并感到好奇,然后打开邮件看其中的详细内容。大多数人在收到这样的邮件时,会立刻打开看看里面究竟写了些什么。只要有创意,你就会发现许多可以增加邮件吸引力的主题短语。发送微信和短信的道理也与之类似,但更讲究简单明了。

只显露冰山一角——让客户自己去发现。有些访谈人员花费大量的时间来满足客户的好奇心,却很少想过要努力激起客户的好奇心。想一想:如果你拜访的客户已经掌握了他们想要了解的所有信息,他们还有什么理由非得见你呢？同样，如果客户对和你的初次会面没什么好奇的，又有什么理由要听你的销售陈述呢？如果你希望顾客和潜在客户主动了解更多信息，那么不要一开始就把所有信息都告诉他们，一定要有所保留，这就意味着你可以在以后提供更多信息，从而激起客户的好奇心。引起客户好奇心的一个重要方式就是显露价值的冰山一角。因为在客户面前晃来晃去的价值就如诱饵一样，他们很想获得更多信息。如果客户开口询问，你就达到了主要目的，成功引起客户好奇，使客户主动邀请你进一步讨论他们的需求和你所能提供的解决方案。

总之，有不少方法可以将你和其他访谈人员区别开来，其中最有效的一种就是利用人的好奇心。如果你能让客户感到好奇，你就可以发展更多的新客户，发现更多客户需求，传递更多价值，处理更多销售异议，销售业绩也会大大提高。

倾听——引导客户说出需求

最近听到一些人说沟通很简单，笔者并不赞同。认为沟通很简单的人可能认为谈话是很简单的，但沟通意味着与别人的意见交流或是共享，这需要更高的技巧，而并不是简单地说出自己的想法。访谈人员需要走出的误区是：与人交流时要求我们巧妙地听和说，而不是无所顾忌地谈话。而与那些充满畏惧的人、怒火中烧的人，或是遭受挫折的人交流就更难了。但无论是在家里或是工作中，不要对自己在沟通上的障碍感到绝望或是放弃！当你觉得自己的沟通有问题时，请再三思考：我是不是犯了沟通的错误？我是否一直在关注自己的想法，只倾诉自己的看法而忽略了倾听的重要性？再好的交流高手也是一点一点修炼出来的。这里我们给你提供了一些小的秘诀以供参考。

即使对方看上去是在对你发脾气，也不要向他还击。别人的情绪或是反应很可能和你一样是由于畏惧或是受到挫败而造成的。做一个深呼吸，然后静静数到 10，让对方尽情发泄情绪，直至他愿意说出他真正在想的是什么。你不必知道所有的答案。说我不知道也是很好的。如果你想知道什么就说出来，然后说出你的想法，或者你愿意与对方一起找出问题的答案。

对事实或感受做正面反应，不要有抵触情绪。例如说"多告诉我一些你所关心的事"或是"我了解你的失落"总比说"喂，我正在工作"或"这不是我分内的事"（这很容易激怒对方）要好。掌握好每一次的交流机会，因为很多时候你可能因为小小的心不在焉而导致你与别人疏远。比起你的想法，人们更想听到你是否赞同他们的意见。好多人在抱怨人们不听他们说话，但是他们忘了自己本身也没有听别人讲话！你可以给出你的全部意见，以表示出你在倾听，并像这样说："告诉我更多你所关心的事或者你所关心的某某事是怎么回事啊？我对你刚才说的很感兴趣，你能告诉我是什么导致你如此相信它的吗？你为什么对某某事感到如此满意？"记住别人说的和我们所听到的可能会产生理解上的偏差！我们个人的分析、假设、判断和信仰可能会歪曲我们听到的事实。为了确保你真正了解，重说一遍你听到的、你的想法并问："我理解的恰当吗？"如果你对某人说的话有情绪反应，就直接说出来，并询问更多的信息："我可能没有完全理解你的话，我以我自己的方式来理解的，我想您所说的就是某某某的意思吧，这是您的意思吗？"

坦白承认你所带来的麻烦和失误。做事要承诺一个期限，如果你需要别人的协助，就用你的活力影响他们。例如，如果你要更新某人的电脑，并要在她的办公室工作，你可以说："我知道在这个不方便的时间打扰你很不礼貌，但我将感激您的合作。我们的维修工作可以使你的工作系统恢复正常，我们将会在下午 3 点钟到您那去，5 点钟就会结束工作。"如果没人问你，就不要指指点点。明知道说出来会对某人有好处的事但又不能说，真是会令人挠头。用婉转的表达方式，像有可能是……或"我也遇到过这种相似的状况，如果怎样怎样就可以帮助解决，你要是认为有用的话，我愿意与你分享更多我的经验。"以上这些总比你说"你应该怎么怎么样好得多。"

第三节

双赢的快乐——达成协议

如何捕捉成交的信号

在以销售为目的的访谈当中，如果没有促成成交，就像打棒球没有回到本垒，基本上来说都不算是成功的销售。

销售专家Hegrty曾指出："63%的销售之所以无法成交，是因为访谈人员根本没有做这方面的努力。"因为访谈人员没有准确地捕捉到成交的信号而导致成交的最终失败，是非常令人遗憾的事情。客户的成交信号稍纵即逝，因人而异而且不容易把握，所以访谈人员必须仔细识别。总体来看，客户发出的成交信号有下面几种：

第一种是语言性购买信号。语言是思想的物质外壳，语言也是思想的体现，语言信号的种类很多，有表示赞叹的，有表示惊奇的，有表示欣赏的，有表示询问的，也有以反对意见形式表示的。当客户询问我们产品的价钱问题或者是商谈价钱的时候，也就表明了客户有成交的意愿。这个方面的语言主要有：那么，这个需要多少钱？有没有折扣？可不可以算便宜一点？这比我想象中的要多出好多，我其实没有那么多的预算，这真的很划算吗？

询问我们对商品使用的意见。比如，你觉得我把沙发放在这个方位怎么样？你觉得绿色和红色的哪一个好看？询问我们付款方式：比如，可以刷卡或用微信和支付宝吗？你们有分期付款吗？利息如何、有没有比一般的分期付款低？你们有哪些付款方式可以选择？询问现货或送货方式与时间的问题：例如，你们现在有现货或是库存吗？你们什么时候会进下一批新货？假如，我要的话，要多久前让你们知道？你们什么时候可以派人送过来？询问产品的使用方法或是细节：可不可以再把使用方法跟我说一次？我回去看说明书就会操作了吗？询问关于售后服务、保证期或保证事项的问题。如它的保证期是多久？假如有故障你们公司会派人来修吗？要多久的时间？我以前用的那个牌子服务好差，每次有问题催了好几次都没有人来，你们会不会也是这样？哪些部分是在保证范围内，哪些部分如果故障是要自行付费的？询问有哪些人或团队有购买？比如：这款机型的销售情况怎么样，有没有很多人用？你们这个产品已经销售多少了？目前有哪些公司或企业已经采用这个系统？他们的反应怎么样？客户要求再看一次或是再示范一次：你可不可以让我再看一下？刚才的整个操作过程，你可不可以再示范一次给我看？客户要求再确认或保证：这个产品真的有你说的那么好用吗？你确定这个价钱是最低的，不能再少一点吗？假如我真的照着使用说明书上的指示，真的能在这么短的时间得到明显的效果吗？

第二种是非语言性的购买信号。非语言性的购买信号包括人的表情信号和行为信号以及姿态信号。人的面部表情是眼睛、鼻子、嘴、面部肌肉综合作用的结果，也是最不容易捉摸的，这就要求访谈人员经过反复观察与认真思考，从客户的面部表情中辨别出客户的购买意向。访谈人员也可以通过观察客户的动作来识别客户是否有成交的倾向。因为一旦客户完成了思考与权衡的过程，拿定主意要购买产品时，他的心里就会变得轻松，并会在行为上有所表现。具体表现有：客户身体向前或是向我们的方向前倾，或是点头对我们的看法表示同意。出现放松或愉悦表情和动作，像是身体松弛下来，尤其是把双手摊开。不断把玩和审视产品，出现那种爱不释手或是已经拥有产品的感觉。用心与仔细观看契约或是订货单。详细地阅读说明书，并且逐条地检视。不断地比来比去，好像在为产品做规划。姿态信号也是其中一种。当客户坐得离访谈人员较远的时候，或是翘个二郎腿和访谈人员说话，甚至是双手抱胸，都代表他的抗拒心态仍然十分强烈，要不就是斜靠在沙发上用慵懒的姿态和访谈人员说话，或是根本不请访谈人员坐下来谈，只愿意站在门边说话，这些都是无效的访谈反应。当访谈人员遇到这种情况的时候，一定要马上停下来，迅速地思考原因再接着谈，否则最后效果肯定不好。

如何主动而自然地提出交易

客户在决定是否与访谈人员达成交易之前，访谈人员要看准时机给客户适当的提示，这样有利于让客户尽快做出决定。促成交易可以采用以下技巧，自然而然地提出交易，有利于访谈最终结果的达成。

请求成交法——给选择就是没有选择。在客户犹豫不决的时候，访谈人员直接要求顾客购买产品的一种成交方法，这是一种最简单、最常用的成交方法。运用这种方法，要求访谈人员能战胜自己，具有高度的自信心，克服成交心理障碍，又善于把握成交时机，主动提出成交请求。例如，"王经理，这产品既好又不贵，您还是尽早买了吧。"访谈人员成功地处理了王经理所提出的产品质量异议和价格异议，并抓住有利时机，及时提出成交要求。又例如："林厂长，您刚才提出的问题都解决了，那么，您打算购买多少？"这位访谈人员看准了成交时机，直接向顾客提出了成交要求。

下列几种情况下适于使用请求成交法：对于已经建立了良好人际关系的老顾客。访谈人员了解老顾客的需求，而老顾客也曾接受过推销的产品，因此，老顾客一般不会反感访谈人员的直接请求。访谈人员可以轻松地对老顾客说："您好！近来生意可好！昨天刚有新货运到，您打算要多少？"另外，对那些发出购买信号的顾客也可以直接提出。若顾客对推销的产品有好感，也流露出了购买意向，可一时又拿不了主意，或不愿主动提出成交要求，访谈人员就可以用请求成交法来促成顾客做出采取购买决定。例如，一位家庭主妇对访谈人员推荐的家用电热水器很感兴趣。反复询问它的安全性能和价格，但又迟迟不做出购买决定，这时，访谈人员可以用请求成交法帮助她做出购买决定，"这种电热水器既实用又美观，价格上可以给您九折优惠，买下它吧，您一定会感到满意的。"需提醒考虑购买问题的顾客。有时候顾客对推销产品表示兴趣，但思想上还没有意识到成交的问题，这时，访谈人员在回答了顾客的提问或详细介绍完推销产品之后，可以接着说："清楚了吗？您看什么时候给您送货？"或者说："产品的质量我们实行三包。请您填一下订单。"其实，这样的请求并非一定就是要马上成交，而只是集中顾客的注意力，让顾客意识到该考虑是否购买这个问题了。

请求成交法的优点是：可以有效地促成交易；可以充分利用各种成交机会，有效地促成交易；可以节省时间而提高推销工作效率。请求成交法的局限性：可能对顾客产生成交压力，破坏成交气氛；可能失去成交控制权，造成被动局面；若访谈人员滥用此法，可能引起顾客反感，产生成交异议。

假定成交法是指访谈人员假定顾客已经接受推销建议而要求顾客购买推销产品的一种成交方法。在整个推销过程中，访谈人员随时都可以假定顾客已经接受了推销建议，其假定的基础来自于访谈人员的自信心，他对顾客"肯定会购买"深信不疑，推销中轻松自如，可缓和成交时的紧张气氛。而访谈人员对于成交的自信心，又会感染顾客，增强顾客的购买信心。假定成交法回避了是否购买的问题，只是就有关具体问题与顾客商议，让顾客感觉自己已经决定购买，从而自然过渡到成交上，例如，一个饮料访谈人员对一个选购的顾客说："这两种饮料的口味都很好，每种给您半箱吧。"当顾客点头认可时，这笔交易就算实现了。又如："刘经理我用一下您的电话，通知公司给您送货。"若经理允许这位推销员借用电话，就意味着他已经决定购买推销的产品了。

假定成交法的主要优点是：可节约推销时间，提高推销效率。使用此法访谈人员可主动缩短推销时间，可直接促进交易，提高了推销效率；可减轻顾客的成交心理压力。使用此法，访谈人员是暗示成交，不是明示成交，尽量避免直接施加成交压力，把推销提示转化为购买提示，可适当减轻或消除顾客的成交心理压力，以利于成交，还可以把顾客的成交意向直接转化为成交行动，促成交易。假定成交法的局限性：此法若是使用不当，会产生过高的成交压力，破坏成交气氛；不利于进一步处理顾客异议，此法以访谈人员的主观假定为基础，顾客会认为访谈人员自以为是，强加于人，并对此产生反感，从而提出一些无关或虚假异议，不利于成交；可能使访谈人员丧失推销的主动权。成交应是顾客的积极反应和首肯的表示，是访谈人员和顾客的一致行为，应是双方自愿、同意和能够接受的。而使用此法，访谈人员未必完全了解顾客的购买状况，主观假定成交，片面推断成交可能导致丧失推销的主动权，甚至失去成交机会。

选择成交法，是指访谈人员直接为顾客提供一些购买选择方案，并要求顾客立即购买推销产品的成交方法。这种方法是推销员在假定成交的基础上，向顾客提供成交决策比较方案，先假定成交，后选择成交，使顾客无论做出何种选择，所导致的结局都是成交。在实际推销工作中，选择成交法具有明显的成交效果。在顾客尚在犹豫中，向顾客提供两种或多种选择方案，促使顾客从多方案中决定一种。例如，"先生，您要什么饮料？雪碧？可乐？""李厂长，我们提供送货上门服务。您看第一批货是今天送来还是明天再送""我们给您送 10 吨磁粉，还是送 15 吨？""你所要求的功能，我们三种型号的产品均可满足，您看哪一种型号更适合您的工艺要求？"选择成交法，使顾客的思维重点放在了数量、质量、型号等方面的选择上，而不是买与不买的抉择上，访谈人员直接假定成交，假定顾客一定要购买推销的产品，然后向顾客提供产品目录或服务，让顾客选择购买目录，达到成交之目的。当然，无论顾客要"雪碧"还是"可乐"，都是直接达成交易。

选择成交法的主要优点有：可减轻顾客的心理压力、创造良好的成交气氛。从表面看来，选择成交法似乎把成交的主动权交给了顾客，而事实上就是把成交的选择权交给了顾客，让顾客在一定的范围内选择，可有效地促成交易。此法是一种间接成交法，访谈人员不是直接请求顾客购买，而是假定顾客已决定购买，直接向顾客提供可选择的成交方案，使得顾客无法直接拒绝成交，可掌握成交的主动权。访谈人员向顾客提供成交选择方案，既调动了顾客决策的积极性，又控制了顾客决策的范围。顾客不是在买与不买之间选择，而只是在不同的数量、规格、颜色、包装、样式、送货日期等上面做出选择。即使成交失败，还留有一定的成交余地。

选择成交法的局限性比较大。它可使顾客失去购买信心，产生新的异议：顾客的购买信心是成交的基本保证，若访谈人员不针对顾客的购买动机，没有限定成交选择方案，就会使顾客无所适从，失去购买信心，产生新的异议；可能产生成交高压，不利于促成交易，选择成交的前提是假定成交，访谈人员的成交假定本身就是成交压力，适当的成交压力有利于促成成交，而过高的成交压力则是成交的异议；可能浪费推销时间，降低推销效率；若访谈人员没抓住时机，没适当地限定顾客选择成交的范围，则会使顾客滥用成交选择权，浪费了推销时间，错过成交时机。

小点成交法，指访谈人员利用成交小点来间接促成交易的方法。小点是指较小的、次要的成交问题，即成交的具体条件和具体内容。一般来说，重大的成交决策能使顾客产主较大的心理压力，而较小的成交决策则产生较小的心理压力。因此，对重大的成交问题，顾客比较敏感，比较慎重，不轻易做出明确的购买决策，甚至故意拖延成交时间，迟迟不表态。而对较小的成交问题，顾客比较果断，易做出明确的决策。小点成交法正是利用了顾客这一心理活动规律，避免直接提示重大的成交问题，直接提示较小的成交问题。先小点成交，后大点成交，先就成交活动的具体条件和具体内容达成协议，再就成交本身达成协议，最后促使成交实现。例如，某办公用品访谈人员到某办公室推销纸张粉碎机。办公室主任在听完产品介绍后摆弄起样机，自言自语道："东西倒很适用，只是办公室这些小青年毛手毛脚，只怕没用两天就坏了。"访谈人员一听，马上接着说："这样好了，明天我把货运来时，顺便把纸张粉碎机的使用方法和注意事项给大家讲讲。这是我的名片，如果使用中出现故障，请随时与我联系，我们负责修理。主任，如果没有其他问题，我们就这么定了？"

这位访谈人员没有直接提示购买决策本身的问题，而是提示纸张粉碎机的使用和修理问题，避开了重大的成交问题，使办公室主任轻松地接受了成交。

小点成交法的优点是明显的。它可创造良好的成交气氛，减轻顾客的成交心理压力，访谈人员直接提示顾客成交内容和成交条件，直接提示非敏感问题，可将顾客注意力集中到小点问题，减轻顾客的心理压力；有利于访谈人员主动做出成交尝试，保留一定的成交余地，始终保持成交主动权；有利于访谈人员合理利用各种成交信号，有效地促成交易。

小点成交法的局限性在于不正确地提示成交小点，会分散顾客的成交注意力；小点成交法使用不当，可能浪费时间，拖延成交过程；有时可能引起顾客误会，甚至产生成交纠纷。如果访谈人员回避了顾客提出的一些重要问题而在次要问题上与顾客达成协议，顾客也许认为访谈人员在重要问题上已经默认了，从而造成误会，酿成纠纷。

从众成交法——争取当场成交。访谈人员可以利用顾客的从众心理，促使顾客立刻购买推销产品的方法。顾客在购买产品时，不仅会考虑自身的需要，还会顾及到社会规范，服从社会的某种压力，并以大多数人的行为作为自己行为的参照。从众成交法正是利用了人们的这种心理，营造一种众人争相购买的气氛，促成顾客迅速做出购买决策。

例如，推销饮水器的访谈人员这样对他的推销对象说："经理，这种冷热饮水器目前在一些大城市非常流行。特别适合于大公司的办公室使用。既方便、实用，又能增添办公室的豪华气派和现代感，与贵公司齐名的××公司、××公司等，办公室里都换上了这种饮水器。"从众成交法的主要优点是：可以增强访谈人员的成交说服力，顾客之间的相互影响和相互说服力，有时会比访谈人员更具说服力；有利于访谈人员促成大量成交；有利于访谈人员给顾客一种压力与紧迫感，促使顾客尽快下决心购买。

从众成交法的局限性：不利于访谈人员正确地传递推销信息，因为访谈人员把顾客的注意力吸引到有多少人购买产品上了，不利于推销信息的传递，不利于及时反馈有关购买信息；若遇到了个性较强，喜欢表现的顾客，会起到相反的作用。

除了上述介绍常用的几种成交方法以外，还有许多其他的成交方法，如优惠成交法、机会成交法、保证成交法等等。在访谈实践中，访谈人员应根据具体情况灵活应用各种成交方法，尽快让客户做出成交的决定。

服务——永远拥有你的大客户

在所有的客户里面，大客户是非常重要的一个部分，如何吸引并留住大客户是关键。在这本书中，大客户销售指针对团体机构客户销售的方式。在大客户销售中，我们一般以区域、产品和客户来区分大客户销售。不同区域的大客户有着细微不同的销售特点，我也经常与朋友们谈到向东北的客户与上海、北京和广东客户销售的不同，但更大的区别在于行业和客户。通常这些大的销售行业包含：IT、医药和医疗设备、保险、工程建筑、生产设备等等多种行业。客户包括政府、军队、电信、金融、保险、证券、医疗、交通运输、能源等多种。

向这些大客户销售与其他的销售模式有什么不同呢？了解了大客户销售的不同，不仅有利于针对大客户制订不同的销售访谈计划，同时也可以解释为什么要用服务来维持大客户。因为大客户销售访谈的不同，所以利用服务来留住大客户是非常必要的。

为了让大客户满意，全面提高服务质量是基本出路。服务质量的好坏与客户是否满意两者密切相关，这在许多调查研究中也得到了证实。因此要想留住核心客户还必须全面提高服务的质量，在决定如何实施服务策略时，需要了解这样几个问题：

首先是提供的服务类型，按照市场营销的过程划分，对客户的服务可分为售前服务、售中服务和售后服务三大类，而售后服务在企业对客户的服务中占据越来越重要的地位。售后服务在越来越激烈的市场竞争中被提到了很高的位置，它一般包括产品运输、安装、调试、维修和退还等各种服务项目，此外还包括保证产品合理使用和维修方法的培训等。售后服务可以使大客户放心地购买和使用，免除了客户的后顾之忧，使客户获得充分的满足，成为企业稳定的客户群体并带动他人加入购买行列。另外，为客户提供附属服务也越来越成为企业留住客户的重要方式，附属服务是与客户的购买活动没有直接联系的服务，提供这类服务一般可使客户在选购商品的同时，获得其他需求的满足，为其创造舒适方便的购买条件，这种方式往往更能打动用户的心。

选择有效沟通机制——进一步加深与客户的感情

如何与客户建立长期有效的沟通机制，这是一个长久以来困惑销售人员的问题。您是追求短期的销售成功呢？还是向往与客户保持长期关系？您能如愿以偿地成功销售任何产品吗？或者说，您了解客户所需吗？您懂得与客户沟通的技巧吗？哪一种沟通形式最有效呢？这里有三种不同的回访沟通模式——礼貌待客式，技巧推广式，个性服务式。那么哪一种回访模式更适合你呢？这需要你首先对这三种回访方式有所了解，然后在此基础上选择适合的模式。很多情况下，这三种模式也可以交替使用。

为了更好地理解这三个模式，下面举一个简单的例子。有一个奶制品专卖店，里面有三个服务人员：小李，大李和老李。当您走近小李时，小李面带微笑，主动问长问短，一会儿与您寒暄天气，一会聊聊孩子的现状，总之聊一些与买奶无关的事情，小李的方式就是礼貌待客。而大李呢，采取另外一种方式，他说，我能帮您吗？您要哪种酸奶？我们对长期客户是有优惠的，如果气温高于30℃，您可以天天来这里喝一杯免费的酸奶。您想参加这次活动吗？大李的方式是技巧推广式。老李的方式更加成熟老到，他和您谈论您的日常饮食需要，问您喝什么奶，是含糖的还是不含糖的？也许您正是一位糖尿病人，也许您正在减肥？而老李总会找到一种最适合您的奶制品，而且告诉您如何才能保持奶的营养成分。老李提供的是个性化的沟通模式。

仅仅靠直觉来判断哪一种是最有效的方式，这三种模式之间的内在联系也许比较困难。以下的调查也许与您的直觉不大一样。其中一个问题是销售人员所使用的非语言服务是否始终与语言服务保持一致。如果两者是一致的，这三种模式就会起到非常好的效果。有些研究表明技巧推广式更能为企业带来效益。但是，如果提供的语言和非语言服务信息不一致时，客户则倾向于相信非语言反映出来的服务信息。也就是说，如果销售人员被训练得看起来礼貌待客，但可能身体语言流露出了他内心里并不喜欢他的工作，也不喜欢与客户打交道，那么礼貌待客就失去了意义。同样，技巧推广式也会由于销售人员的不友善或漫不经心而达不到预期效果。只有个性化服务才能足以将语言及非语言信息完美结合，这是销售人员与客户因长期交流而建立起深层关系的缘故。

访谈人员最重要的口头沟通是开场白和结束语。这也是沟通机制中需要考虑的重点问题。因为人们在沟通时易于记住刚开始和最后发生的事情。所以销售人员与客户沟通时，要特别注意开始时的礼貌寒暄和最后的结束语。礼貌待客讲究即时应对，包括时间即时、空间即时和语言即时。所谓时间即时就是说向走进来的客户及时打招呼。如，只要客户向销售窗口走近 1 米之内，就要在 5 秒钟之内打招呼以便让客户感受到您的热情接待。空间即时就是在距离上接近客户。接近的程度要根据各地的文化背景不同而有所区别。语言即时就是客户以不同方式表示出有问题时，能够迅速应答，而不能说那不是我部门的事或者我不是您要找的人，很小的语言差异往往导致完全不同的结果。所以最好使用积极的语言，如"咱们一起来看看是什么问题"，就比使用被动语言"这个问题是得琢磨琢磨"要有礼貌得多。

对于技巧推广式，调查人员列出至少 15 种以上的方式来掌握客户与销售人员的沟通技巧。如承诺、威胁、荣誉感、积极的尊重、消极的尊重等等，都与人性的弱点有关。销售人员要充分了解人性的特点并把它们融入销售语言中，激发起消费者被喜爱，不能错过交易，眼光独到，时髦入流等心理期待。调查显示：多数成功的访谈人员用语都有如下规律：创造需求—引发兴趣—唤起欲望（通过任何一种人类需要），最后是采取行动。

非语言信息在与客户沟通的过程中甚至可以影响客户的潜在情绪。如在鸡尾酒会上，那些笑容灿烂的服务员所得到的小费平均比微笑少的服务人员多几倍。同样，把找回给客户的零钱放在客户的手心里，或者客户买单时拍拍客户的肩膀同样可多拿 10% 的小费。接近客户，或者蹲下来与客户目光接触，同样会提高小费数目。总之，个性化的回访模式是最有效的模式，但却需要多培训多练习。而且，与其他模式一样，它的有效性也会由于每个人不同的习惯而大打折扣。对零售业的调查显示，肥胖客户，穿着不讲究者，与销售人员（如性别、人种、档次、年龄）不同者，还有具有挑衅性的客户都不会受到及时、礼貌的服务待遇。而对妇女的服务不如对男人来得快，对身体残疾的要好于身体健康的。所有这些均说明只有通过培训才能逐渐消除服务中的个体差异。

第四节

不可不看——访谈的陷阱

你的访谈错在哪里

有的访谈人员在总结自己的工作时总是抱怨说,工作中遇到的困难太多,出现的障碍太大,因此难以达到目标。但实际上问题真的如此大吗?障碍的存在是难免的,但并不是不能解决的,有的甚至是可以避免的。访谈人员在访谈过程中难免会犯这样或那样的错误,有的是心理方面的因素造成的,有的是访谈人员忽略了访谈的细节而造成访谈的错误,致使客户产生反感,影响了访谈的结果。为了避免访谈的错误,访谈人员需要在心理上和行为上做好充分的准备。首先,访谈人员容易犯的心理错误会导致访谈人员的正确判断,打击其积极性和热情,对于消极的心理暗示,访谈人员需要自我调节和放松。常见的易犯心理错误有:

过于急功近利。访谈人员往往为了追求访谈的成功而一味地坚持不懈地向客户介绍产品,但是过于热情往往让客户感到不满。一位资深的访谈人员在谈到自己对于那些失败的访谈经历的感受时,颇有感慨地说:"我们大多数访谈人员往往都习惯于对事情保有想当然的态度,这种态度是非常不正确的。我们常常认为我们应得的客户总是归我们所有的,我们访谈人员曾经努力地为得到他们做出过很多工作,当然有权利拥有它们,但是访谈人员往往不得不继续做出努力来留住他们这一事实则让很多人感到沮丧。我们往往更容易满足于已经取得的成绩,并更愿意把重点主要放在征服新的客户上,这就是自满、冷漠的态度表现。"对于这种态度一定要避免。

另外，主动把握访谈的主动权并不是要一味地宣传、不停地说话，相反的，认真听取客户的心声，学会倾听反而是对客户的重视和尊重。客户才能获得自我满足，另外，从客户的话语中分析出客户真实的心理状态和意图，才能对症下药，消除客户的反对意见。最后，还要提醒访谈人员，无论在任何情况下，一定不要与客户争辩。有的时候，客户可能会用比较尖锐的语言来批评访谈人员，甚至辱骂。特别是那些文化层次和素质比较低的客户，或者是客户正在遇到非常不顺心的事情，都会用消极的心态来回应访谈人员，那么，这个时候访谈人员一定要压住自己的怒火，不能对客户进行反击。要记住，不管客户如何指责你，永远不要与客户争辩，因为争辩不是说服客户的最好方法，与客户争辩失败的永远是访谈人员。

给客户留足面子也是重要的。有的访谈人员一发现客户说错了或者做错了，马上就要纠正客户的错误，这样做并不是最佳的方法，因为客户可能会碍于面子，觉得自己很没有水平，也会对访谈人员失去好感。因此，无论客户的意见是对是错、是深刻还是幼稚，访谈人员都不能表现出轻视、不满或者怀疑。访谈人员要面部略带微笑，表现出全神贯注的样子，并且不应该语气生硬地对客户说："你错了""合着你也不懂"；更不能表现得比客户知道得更多："你没弄明白我说的意思，我是说……"这些说法明显地抬高了自己，贬低了客户，会挫伤客户的自尊心。

磁性服务

优势服务是留住客户的关键竞争力。如果你和来自竞争对手的访谈人员为客户提供的服务是相同的，这样的服务很可能吸引不了你的客户。现在，客户访谈提倡"磁性服务"，寄希望于磁性服务来吸引客户。磁性服务这个概念是从客户访谈的人员当中流传出来的，它意味着这种服务体验能够建立

客户访谈成功的秘诀

并维持客户热情和忠诚，并且包含抓住、引导、吸引或者诱导的意思。成功的磁性服务企业的价值观和行为方式十分相似，磁性服务的优点在于对于那些初步接触客户访谈的人员帮助非常大，容易上手，容易掌握，对于有效地克服访谈中经常容易犯的错误也是效果明显。因此，把握好磁性服务的真谛有助于访谈人员避开访谈误区，磁性服务的原则主要有以下几点：

第一个原则是让客户对访谈人员充满信任。磁性服务的根本原则就是信任，然而取得客户信任的基础却始终是变化的。客户与任何一个服务商接触的经验都可能改变其评价其他服务商的标准。磁性服务具有很强的适应性和灵活性，能够随客户对信任这一要求的不断提高而调整。信任是多层面的。信任始于真实，客户只有在认为企业的行为动机真实可信之后才能产生信任；信任来自于那些能够体现企业对客户真实关注的每一次沟通；信任来自于企业对每一个许诺的真实记录，包括承诺和实现情况；信任来自于通过实践证实的能力，这种能力使客户相信高品质的服务不是偶然。此外，信任往往在处理危机的过程中得到加强。

第二个原则是关注顾客的希望，而不只是需求。"服务于客户"意味着首先必须满足客户的需求，企业才能够生存。然而，在呈现于表面的明确的客户需求背后潜藏着客户对未来的心愿和希望。伴随这些希望的是潜在的需求。理解客户的希望，最好能够依据过去接触的记录。磁性服务提供者往往力图通过构建一个"高尚"的价值观平台来传递他们的服务。他们举行共同畅谈梦想的活动；与客户对话，探讨改善服务的各种有效途径；相信"耳听为虚，眼见为实"。培养客户忠诚度需要企业表现出令人兴奋、勇敢，有时甚至带点鲁莽的态度。富于感召力的服务首先是热情的服务，热情并不代表喧嚣，而是意味着富有决心、目标明确，而且以热忱的态度表现出来。富于感召力的服务是创新的服务，他们不为困难所阻挠，在传统的优质服务或经验中探寻新颖和独特的东西。富于感召力的服务还是动人的服务，它以一种支持与客户相结合的方式带来触动，让客户感觉到它、喜欢它并记住它。

第三个原则是主动激发客户的好奇心并给客户一定的主动权。学习的冲动早已内化于人类的遗传基因当中，因此，当服务的提供者开始激发客户的好奇心时，他们已经叩响了客户的心灵之门。激发客户好奇心的一个重要途径是创造客户参与的机会。这种策略的魅力不仅在于客户的参与过程，更来自于它为客户提供的选择，选择机会能激发客户天生的好奇心。客户参与的机会表现为多种，最有效的是使客户参与到服务的提供过程中来。一些能够让客户感受到并评价甚高的客户沟通也是有效的方式。惊喜意味着超出客户的预期，给客户带来情感上的感动和内心的幸福体验。它是服务品质的制高点，它能够激发客户地情绪，促使客户和别人去讨论发生在他们身上的特殊经历。但是，惊喜应该是适度的，不应该持续、规律地出现，在服务中偶尔出现的特殊行为所传达的不应只是服务客户的愿望，而且还应该表露出吸引客户的热情。如何在服务中向客户授权也是一项重要的内容。客户授权指的是能够在接受服务的过程中发自内心地感觉到自己拥有某种权力，一种安全感和掌控感。这就要求所提供的服务是可靠的、可预测的，进而要求企业建立一套规范的流程和体系，以此来保证服务人员在服务过程中能够满足客户的需求。

　　磁性服务应该反映更深刻的企业目标或使命，并和企业远景规划及市场战略保持步调一致。因此，服务必须能够彰显企业的个性。企业要让客户明确自己的特征，并且勇敢地坚持自己的方向。这样的服务应该是干净利落、合乎道德准则的。这些要求都应该体现在访谈人员的服务内容当中。

第五章

电话访谈的技巧与策略

第一节

电话访谈前的必要准备

高效接听电话训练

在你着手制订电话访谈计划表的时候,不要忘记思考如何让自己的接打电话更加有效。提高接打电话的效率不仅能够为你赢得更多的时间去接触更多的客户,而且能为你赢得更多的机会。下面是多年的电话咨询专家为你提供的有效地接打电话的六个要点,相信对提高你接打电话的效率会有很大裨益。

电话是最方便的通信工具,但是用电话进行沟通时,花费的时间也很多,在一小时内可以打出的电话次数比许多人想像的要少。首先,按一般规律,一小时大约能给10个客户打电话,如果是打给公司的采购决策人,也许只能打出两到三个电话;其次,打电话的成本也很高,打25次电话的综合成本就等于一次上门拜访客户的成本。

在电话成本如此高的前提下,电话访谈人员应怎样做才能更有成效地提高电话工作的效率呢？有效地接听电话既是管理时间、也是节约成本的最好方法。有效地接听电话包括以下六个要点：

要点一：电话旁边准备好备忘录和笔。打电话时,电话旁边应准备好备忘录和笔。如果没准备好,会出现什么情况呢？如你的办公室很乱,这极大地影响了你的办事效率,更严重的是还会给客户留下很差的印象。访谈人员打电话前首先要创造一个良好的工作环境,临时去找东西,既浪费时间,也会显得很不专业。要想提高效率，就应周密地提前做出安排。

要点二：接电话的姿势要正确。作为专业的电话访谈人员，接听电话不应该随心所欲地表现出懒散的姿态。正确的接电话姿势是左手握听筒，右手可以空出来让它发挥更大作用：随时在备忘录上做记录，记下客户提出的重点要求，包括产品规格、尺寸、型号以及其他的一些技术数据。

要点三：记下交谈中所有必要的信息。你是否有记录交谈要点的习惯？也许你会认为我的记性很好，没有必要记录。其实这种想法存在一个严重影响工作成效的误区，因为身在职场的你，每天都会有很多重要事情要处理，如果不进行必要的记录，必然会出现遗忘的现象。好记性不如烂笔头。若想提高工作效率和质量，就必须坚持做记录。记下交谈中所有的必要信息，包括认真准备好你要说的话，记下你说话内容的要点，记下通话达成的意向点。

要点四：将常用电话号码制成表格贴于电话旁边。有些东西看着简单，但非常实用。关于打电话，访谈人员可以找到很多提高效率的方法，例如，将常用的客户联系方式制成表格贴在电话旁边，这样访谈人员就可以很方便地随时检索。

要点五：传达日期、时间一定要反复进行确认。在传达一些数字信息时，比如，电话号码、日期、时间等，电话访谈人员一定要向对方多次地进行确认。在电话里没有面对面时听得清晰，遇上电话信号不好或说话人讲方言时，访谈人员常常就会拿不准或听错，这样一来往往就会耽误事情，多次确认一些数字信息显得格外重要。

要点六：如果对方不在，请留下易于理解的信息。当你打电话时，遇到对方不在的情况，你通常会如何处理？这一情况是人们打电话时常常遇到的问题，人们也常常陷入这样的误区——给接电话的人留下诸如"请你转告一声我找过他"之类的模糊信息。事实上，这类信息的传达，还是不能让你要找的人有效地找到你，访谈人员可以告诉接电话的人自己找人的目的，或告诉对方什么时候回电话最方便。这样，需要回电话的人就容易联络到访

客户访谈成功的秘诀

人员。同样，客户打电话过来时，访谈人员不在，客户也可以留下确切的信息。

在你制订电话访谈计划时，把提高接打电话的效率作为其中一项内容考虑在内，并进行细化的、有针对性的准备是重要而且必要的。它可以帮助你更好地把握电话访谈的主动权。

客户资料齐备

作为电话访谈人员，掌握相近的客户资料可以使访谈人员清楚地知道对方的情况，让自己在心理上做好充分的准备，从而做到知己知彼，百战不殆。同时，准确的客户资料还可以完善访谈人员进行电话访谈时的沟通细节，一边打电话的时候不致于让客户觉得唐突。

了解客户的渠道有哪些呢？每一个客户的需求各不相同，因此电话访谈人员不但要真正全面地了解产品，而且还要了解客户，做到"对号入座"，这样才能有效地赢得客户好感并与之接洽。知己知彼才能百战百胜。了解客户的渠道有：通过其他访谈人员了解；通过报纸、杂志上的行业信息了解；通过客户的同事、秘书以及家人了解客户的信息。那么，客户资料的详细内容又有哪些呢？首先，客户姓名是必须要掌握的基本内容。电话访谈人员必须要准确无误地获得客户的姓名，这样才可以使日后的电话、信函甚至见面交流顺利进行，尤其是具有购买决策权的客户，因为他们才拥有是否购买其所销售的产品或服务的决定权。其次，通话的适宜时间。打电话的时候，要以客户的时间安排为转移。比如，春节前后的购物旺季，超市老板可能会忙得不可开交，午餐、晚餐时间餐饮业经营者会忙不过来，等等。此时，大访谈电话无疑是不适宜的。最好挑一个客户比较空闲的时间，或是不会打扰客户工作的时间打电话。再次，是客户的业务范围及类型。客户之所以要购买产品或服务，是因为产品或服务能够解决他们的问题，满足他们的需要。因此，要卖给客户产品或服务就要充分了解客户的业务范围及类型，从而满足他们的需要。最后，是客户偏好。决策人的偏好是客户决策的决定性动机之一。所以电话访谈人员只有充分了解客户的偏好，才能调动其积极性。

要获得以上所说的客户资料，你需要从多个途径进行准备。电话访谈人员在职业生涯中，开发客户是重点工作。这就需要访谈人员掌握多种客户资料的获得途径和渠道。一般来说，客户资料的获得具体包括以下渠道：

1. 交换名片。电话访谈人员在约见客户的时候，要养成随时随地获取对方名片的习惯，同时要主动地把自己的名片赠与别人，这样就能获得很多人力资源。积极思考的访谈人员即便在客户没有带名片的时候，也能得到客户的信息。

2. 与同行互换资源。和同行互换资源是获取电话名录非常有效的方法。注重和同行保持交流并参与他们的活动，这样既能获得新的培训知识，还能获得大量的准客户。

3. 善用汇编资料。汇编资料包括统计资料、名录类资料、报章类资料等。其中统计资料是国家有关部门的统计调查报告、行业协会或者主管部门在报刊上刊登的统计调查资料、行业团体公布的统计资料，等等。名录类资料是指各种客户名录、同学录、会员名录、协会名录、职员名录、名人录等。这些名录不一定是公开发布的，但其中含有一些关键的信息是对访谈人员开发客户非常有帮助的。从这些名录当中，如电话黄页集中了所有企事业单位的电话号码并且分门别类，而且其目录索引非常有利于电话访谈人员查询到目标客户群体。

4. 报纸杂志。无论是综合性的娱乐杂志还是行业性的报纸杂志，上面都含有大量的信息与资料，如各种广告宣传、搬迁信息、相关个人信息、行业动向、同行活动情形以及国际行业信息等。这些信息给访谈人员提供了联系潜在客户的线索，使访谈人员可以随时随地把握发掘客户的机会。

5. 向专业电话名录公司购买有关产品。现在有许多家装公司的电话访谈人员聪明地向大型的房地产商购买客户名录。因为房地产楼盘中心登记了所有购买楼盘的客户姓名,他们在刚买房后自然需要装修,这些名录上都是非常有价值的目标客户。

6. 网络查询。网络时代赋予现代人新的生活方式,互联网上几乎有电话访谈人员所需的全部信息,如客户情况、大公司信息、行业分类信息等。因此,要想成为优秀的电话访谈人员,还应充分地利用这个庞大的信息资源,掌握先进的信息技术,从而有利于电话销售工作的顺利开展。

7. 利用现有的关系网。即使亲戚朋友不会成为电话访谈人员的客户,也要和他们常常联系,虽然他们不是潜在客户,但他们认识的人也许就是潜在的客户。因此,永远不要觉得联系他们是没有必要的。

8. 学会发掘隐藏的客户。几乎每个人都能成为你潜在客户的介绍人,而有些人因为职务的原因,更容易介绍给访谈人员大量的客户,一个客户后面就大约有20个准客户,如果能让这位客户为其转介绍,将是找到新客户最便捷的方式。

预备产品与服务资料

要成为一名合格的电话访谈人员,只有对企业的产品与服务了解透彻,才能在电话访谈中言之有物,不致于让访谈变得索然无味。因此,在访谈之前你需要掌握产品的利益和特征,准备好相关的产品与服务,才能很好地为客户服务。那么,电话访谈人员需要准备的产品和服务资料包括:

1. 产品的构成。客观、详尽地了解所要介绍的产品,是访谈人员在客户面前表现自信的一个先决条件。总体来说,构成产品的几个要素如下:产品名称、功能、产品的物理特性,包括材料、质地、规格、美感、颜色和包装;产品的科技含量,产品所采用的技术特征;销售价格体系和结算体系、运输方式、产品的系列型号,等等。要求访谈人员要像工程师一样,详细了解产品的构成、技术特征、目前的技术水平在业界的地位等。而且,仔细了解产品的客观性是访谈人员发掘产品价值的一个基础。电话访谈的过程中，访谈人员若一味地介绍产品如何时髦、价格如何合理，其余的关于产品的构成、功能却什么也说不出来，很快就会让客户失去兴趣，打消购买的念头。因此，只有对企业的产品或服务了解透彻，才有可能使访谈销售成功。

2. 产品的价值取向。产品的价值取向是指产品能给使用者所带来的价值。一般人都会认为向客户行销的是产品，例如衣服、领带、口红等，而忽略了客户真正所看重的是产品和服务的价值。所以电话访谈的关键是要思考产品能为客户带来哪些价值，同时，充分掌握产品的利益和特征。作为一名电话访谈人员，不能像面对面的销售那样给顾客演示产品，只能利用声音和语言，因此，充分掌握产品的利益和特征就显得尤为重要。例如，一位销售小姐手里托着一瓶护肤品，说："这种护肤品中含有纯天然的美白成分，能让您的肌肤在四周的时间内变白。"一位销售员指着一台电视说："这是新开发的健康电视，能切实有效地避免近视。""含纯天然的美白成分和有效地避免近视"就是该种产品区别于其他产品的特征，能"让肌肤变白和避免近视"就是该产品能为客户带来的实际利益。作为消费者，最关心的，是产品能否带来自己所追求的利益，而不是产品具有什么样的特征。访谈人员掌握了产品的利益和特征，向客户介绍产品时就能抓住重点。

3. 产品为客户获利。作为电话访谈人员，要想成功地把产品或服务介绍给客户，就必须使客户获利，而要使产品或服务为客户获利，就应该懂得如何将产品或服务的特性转换成客户需要的利益。客户关心的主要利益包括：能否从你提供的产品或服务中挣钱。比如，一套ERP企业的信息化管理软件上百万，可是仍然有很多企业使用ERP，关键的一点是，客户看重的不是产品的价格，看重的是这些产品使用后能够帮助他们赚多少钱。假如提供一套产品能够帮助客户赚钱，客户自然就会购买。与此同时，能否为客户省钱也是客户关心的重点。有些产品虽然不能帮助客户赚钱，但是可以帮助客户省钱、省时。时间就是金钱，效率就是生命，特别是在现今时间大于金钱的时代，假如访谈人员能够挖掘出产品省钱、省时的特性，就不愁找不到目标客户。因此，访谈人员应该及早地探测出客户关心的利益点，只有客户接受所销售的利益点，与客户的沟通才会有交集。

电话沟通礼仪

电话访谈人员日常重要的工作是使用电话建立与客户之间的关系，而电话是一种只闻其声、不见其人的沟通工具，利用电话进行访谈时，多半是利用口头语言表达能力，利用拨打电话的便利和声音的魅力来说服客户、感染客户，并最终赢得客户的信任，因此专业的电话访谈人员应该十分注重自己语言表达能力的培养。所以，电话访谈人员应时刻注意自己的姿势和情态，在实践中不断锻炼、完善自己。

首先，第一声非常重要。当我们打电话给某单位，若一接通，就能听到对方亲切、优美的招呼声，心里一定会很愉快，使与双方的对话能顺利展开，对该单位有了较好的印象。在电话中只要稍微注意一下自己的行为就会给对方留下完全不同的印象。同样说："您好，这里是××公司"。若声音清脆、悦耳、吐字清晰，能给对方留下好的印象，对方对其所在单位也会有好印象。因此要记住，接电话时应有"我代表单位形象"的意识。在你说出第一句话的时候，要记住怀着喜悦的心情。因为打电话时我们要保持良好的心情，这样即使对方看不见你，但是从欢快的语调中也会被你感染，给对方留下极佳的印象，由于面部表情会影响声音的变化，所以即使在电话中也要抱着"对方看着我"的心态去应对。

记住一直保持端正的姿态与清晰明朗的声音。即使不能每分每秒都保持饱满的精神状态，也要提醒自己不要松懈，因为有的电话访谈人员自以为在电话交谈中客户看不见自己，因而不太注重自己打电话时的姿态和表情。其实，自己的一言一行，一颦一笑都能够通过电话中的声音、语气传递给客户。所以，访谈人员应时刻注意自己的姿态和情态。而且打电话过程中绝对不能吸烟、喝茶、吃零食，即使是懒散的姿势对方也能够"听"得出来。如果你打电话的时候，弯着腰躺在椅子上，对方听你的声音就是懒散的，无精打采的；若坐姿端正，身体挺直，所发出的声音也会亲切悦耳，充满活力。因此打电话时，即使看不见对方，也要当作对方就在眼前，尽可能注意自己的姿势。声音要温雅有礼，以恳切之话语表达。口与话筒间，应保持适当距离，适度控制音量，以免听不清楚、滋生误会。或因声音粗大，让人误解为盛气凌人。

其次，养成迅速准确接听的好习惯。现代工作人员业务繁忙，桌上往往会有两三部电话，听到电话铃声，应准确迅速地拿起听筒。接听电话，以长途电话为优先，最好在三声之内接听。电话铃声响一声大约3秒钟，若长时间无人接电话，或让对方久等是很不礼貌的，对方在等待时心里会十分急躁，你的单位会给他留下不好的印象。即便电话离自己很远，听到电话铃声后，附近没有其他人，我们应该用最快的速度拿起听筒，这样的态度是每个人都应该拥有的，这样的习惯是每个办公室工作人员都应该养成的。如果电话铃响了五声才拿起话筒，应该先向对方道歉，若电话响了许久，接起电话只是"喂"了一声，对方会十分不满，会给对方留下恶劣的印象。在打电话的同时别忘了认真清楚的记录：随时牢记何时、何人、何地、何事、为什么以及如何进行。在工作中这些资料都是十分重要的，对打电话，接电话具有相同的重要性。电话记录既要简洁又要完备，有赖于能够清楚准确记录的技巧。

有效电话沟通还需要注意下面几点：

第一，上班时间打来的电话几乎都与工作有关，公司的每个电话都十分重要，不可敷衍，即使对方要找的人不在，切忌粗率答复"他不在"即将电话挂断。接电话时也要尽可能问清事由，避免误事。对方查询本单位其他部门电话号码时，应迅速查告，不能说不知道。我们首先应确认对方身份、了解对方来电的目的，如自己无法处理，也应认真记录下来，委婉地探求对方来电目的，就不会误事而且赢得对方的好感。对方提出的问题应耐心倾听，表示意见时，应让他能适度地畅所欲言，除非不得已，否则不要插嘴。期间可以通过提问来探究对方的需求与问题。注重倾听与理解、抱有同理心、建立亲和力是有效电话沟通的关键。接到责难或批评性的电话时，应委婉解说，并向其表示歉意或谢意，不可与发话人争辩。

第二，电话交谈事项，应注意正确性，将事项完整地交待清楚，以增加对方认同，不可敷衍了事。如遇需要查寻数据或另行联系之查催案件，应先估计可能耗用时间之长短，若查阅或查催时间较长，最好不让对方久候，应改用另行回话之方式，并尽早回话。以电话索取书表时，应记录在案把握时效，尽快地寄达。

第三，挂电话前的礼貌。要结束电话交谈时，一般应当由打电话的一方提出，然后彼此客气地道别，应有明确的结束语，说一声"谢谢""再见"，再轻轻挂上电话，不可只管自己讲完就挂断电话。

第二节

如何拨打陌生电话

如何开始精彩的开场白

电话访谈人员只有充分了解客户的真实需求之后，才能找准推介的切入点。一些电话访谈人员经常被客户在电话中 PASS 掉，甚至让客户不耐烦地挂断电话自己还莫名其妙。为了能彻底避免这种情况，访谈人员需要给自己设计一个好的开场白，这样才不至于被客户挂掉电话。

好的开场白需要做好三个步骤的准备，按照这三个步骤初级访谈人员可以比较明显地看出自己的进步和提高。电话推介的开场白三个步骤如下：

第一，访谈人员要郑重其事地介绍自己和所在的公司，给对方留下较深的好印象；第二，访谈人员要采用一种激发客户兴趣或好奇的方式，直接告诉客户通过购买产品可以得到多少有用的实际益处，让客户意识到可以获得很多的实际帮助；第三，为了给客户提供尽可能多的实际益处，访谈人员需要认真地询问客户的需求。总之，访谈人员要让客户感到自己不仅受到重视，而且会从客户的角度思考问题。

开场白的两个"不要"。在电话推介中，除了要遵循以上三个步骤外，访谈人员还必须切记不要一开始就提到下面两方面的内容：一是拿起电话就访谈；二是张口就谈价格。拿起电话就开始访谈产品或服务很容易造成客户的反感，这就是很多人讨厌访谈人员的原因。此外，张口就谈价格，也会给客户留下不良的印象，客户根本没有享受到服务，而更像是在菜市场上讨价

客户访谈成功的秘诀

还价一样，这势必会引起客户的不愉快。开场白的内容也很重要。在电话访谈中，打电话的学问非常多。作为一名优秀的电话访谈人员，需要知道好的开场白所包含的内容。电话访谈人员设计开场白的唯一目的，就是很有成效地吸引顾客听下去，而不被客户挂断电话。如果电话访谈人员对成交没有把握，就不要在电话中直接访谈产品，以免第一次通电话就遭到准客户的拒绝。那么访谈人员是否要放弃推介呢？

如果访谈人员不推介产品，客户则不会了解产品，更不了解优秀的服务。这就牵涉到推介的技巧。电话访谈人员可以通过委婉曲折的方式向客户推介自己的产品。正如著名的广告理论所云："要让人闻到煎香肠的香味、听到煎香肠的嗞嗞声，而不是单纯地仅让他看到香肠。"资深的电话销售代表在进行产品推介时，其推介一般都涉及了解客户目前的使用情况、客户可能存在的不满、能暗示和牵连到的问题、客户到底有什么样的真正需求，等等。

开场白的形式也是多种多样，访谈人员可以根据具体情境的需要来进行选择。开场白具体有以下几种形式：

第一种是坦诚式的开场白。比如美国著名的访谈人员诺曼·拉文曾用过下面的语句进行访谈："我很高兴认识您，不过我对您的了解还不像我期望的那么多，不管日后我们会不会有业务上的往来，我真的很想认识您，您介意跟我聊聊吗？"这些直接、坦诚的语句会给客户以诚实、稳重、信赖的好印象。而诺曼·拉文以及众多访谈人员的成功也有力地证明了坦诚式开场白是一种颇为有效的开场白。

第二种是求助式的开场白。一般情况下，访谈人员一开始就诉说困难，要求客户给予帮助，客户是不会断然拒绝的。例如："早安，我是阳光办公用品公司的某某某，不知道您是否可以帮个忙？（停一下）请问你们哪一位主管负责办公用品的采购？"一般情况下，对方都会告诉你答案，或者如果他不知道，会给你提供另外一个途径让你找到你想要找的人。"哪一位"是一个很好的开放式文句，会让对方没有拒绝的余地。

第三种是激发兴趣式的开场白。创造客户的兴趣是电话访谈成功的第一步。据了解，客户只有在对访谈人员说的话感兴趣时，才会花时间听访谈人员的介绍，进而才可能有购买的欲望。

创造或者激发客户的兴趣具体有以下几种方式：

1. 激发客户的认同感。大约有 50% 的客户追求认同感，他们需要别人的赞赏，应对这类客户的策略就是强调公司和产品或者服务的名气。

2. 激发客户对安全感的需求。另外有 25% 的客户需要的是安全感，他们不喜欢冒风险，和这样的客户打交道一定要强调你所介绍的产品或服务的可靠性，不会带来太大的风险。

3. 激发客户的收获感。最后的 25% 客户就属于这个范围。这些客户要的是实惠。吸引他们就要重点宣传产品的优良性能和优质服务，给他们更多的实惠。在电话访谈的过程中，应对客户最重要的战略是要先确定他们的内心想法中哪种想法占优势，然后便可以顺其心意，从而极大地减少客户购物时的犹豫不决。而要做到这一点，就需要认真地倾听客户的反应，看看他们到底关注什么、强调什么。

电话中的提问技巧

电话访谈主要是通过提问来获得大量的有用信息，以此来引导和帮助客户锁定他们真正的需要，从而最终达到访谈的目的。一般来说，提问有两个目的——探寻客户需求和发展目标客户。为了达到这两个目的，访谈人员可以使用以下的提问技巧：

1. 开门见山的提问。一般针对通过熟人、朋友介绍的客户，访谈人员可以应用开门见山的提问方法，因为对方一般已经知道来意，可以直接切入正题，开门见山地谈论彼此关心的问题。例如："汪先生，我是林小姐的好朋友，听介绍说汪先生您聪明能干、年少有为，在自己事业成功的同时非常关心员工的福利待遇，今天我来的目的就是向汪先生介绍本公司的职工意外健康保险。如果您现在有空，我们现在就开始好吗？"

2. 轻松的提问。以轻松的话题开头，使对方乐于与你交谈，当对方显露出需求与担忧的时候，就可以将问题变得较为明确，所以在交谈的过程中，访谈人员要注意保持轻松的电话交流气氛。

3. 引起客户兴趣的提问。与陌生人初次交流，一般都会有一种排斥、拒绝的心理，为了使客户消除这种本能反应，取得他的信任，访谈人员的提问方式就要尽可能地引起客户的兴趣和好奇。

4. 开放式和选择式提问。根据问题的提问内容和范围，设计开放式或者选择式提问更加有针对性，方便客户进行回答。开放式提问和选择式提问这两种方式各有千秋，若能把这两种提问技巧结合使用，提问效果会更好。

5. 确保客户清楚的提问。在与客户的交谈过程中，向客户提问内容必须明确，不能含糊不清，更要确保客户方对所讲的内容清楚明了。否则可能会造成误解，影响电话访谈的进行。例如，访谈人员可以这样问："我这样讲清楚吗？"而不要问"您了解我的意思吗？"更不能问"怎么还不明白！"因为后两种问话，客户很可能会误解访谈人员，认为访谈人员在贬低他的智商，嘲笑他连简单的问题也搞不清楚，这样只会引起客户的反感，而且用这样的发问方式，即使客户真的不懂也不愿意承认并未完全搞懂。但是用第一种问话方式，暗示客户没有搞懂是你的过错，而不是客户不聪明，这样就保护了客户的自尊使他更容易接受你的访谈。

影响提问技巧的另外一个方面是访谈人员是否能够事先设计好问题。问题设计的好，方便客户回答，客户就比较容易接受，愿意配合访谈人员。那么，如何设计问题？推介的内容有很多，为保证电话访谈人员在通话时没有任何遗露，可以事先设计好电话推介的内容。访谈人员向客户提问的过程，同时也是搜集信息的过程。了解越多的信息，就越有助于判断客户是否是最终客户。这就像"剥洋葱"一样，一层层地剥下去，最后就一定能得到所需要的信息——客户需求。那么，推介过程中，可以向客户询问哪些问题呢？

电话访谈人员在产品推介过程中,可以向客户提出客户感兴趣的问题。

为了更形象地展示电话中提问的技巧,请看下面的例子:

李小米的产品推介引发了万金贵的兴趣,李小米逐渐将话题引到了自己的产品上。请注意,他并没有直接提及产品,而是从产品的特征开始的。

李小米:"这种方法最适合于现代家庭使用,特别符合现代人追求生活质量的要求。既不影响产品设计的人性化,又可以达到节能、省水的目的。不是与贵公司一贯的形象非常吻合吗?"

万金贵:"这种产品市场上有吗?"

李小米:"我们布莱特公司根据这样的思路开发了新型的TUTU节能马桶。目前在国内市场上还属第一家。它最大的特点就是程序和出水量可以自行选择。"

万金贵:"自行选择?那技术含量一定很高吧。"

李小米:"当然了,我们集团公司专门有一个部门负责这个项目。所以,不仅保证产品的原料不亚于国外同类产品,相比之下,更节能更省水。"

万金贵:"怎么个更节能更省水?"

李小米:"它根据人们的不同需求设计了几种程序,并提供了一目了然的操作界面,上面标识都是图案化的,大人小孩都会用。"

万金贵:"你能保证产品质量不次于国外同档产品吗?"

李小米:"你可以做个比较。这里有数字说明,同档次的产品,TUTU的价格只有国外产品的三分之二,每月却可以省水三分之一,省电三分之一。"

万金贵:"你的这些数据都是怎么算出来的,可靠吗?"

李小米:"我们的客户遍布全国各地,像大江公司、大河公司这样的跨国建筑公司也都在使用我们的这一新产品,反馈的效果很好。"

分析上面的例子,可以看出,电话访谈人员在产品推介过程中,一定要提及本公司产品的独特之处,特别要指出与客户需求一致的地方。如果可能,恰当地提出使用过该产品的客户及其使用效果,都会起到非常好的推动作用，会有效地激发准客户的购买欲望。

有些电话访谈人员见到客户时常常会紧张，容易忘掉事情。提前设计介绍产品益处的表达方式，会有助于减少访谈人员的紧张心理，从而营造好的氛围进行推介。访谈人员在电话推介产品之后，一般都会希望给予客户更详细的产品资料，通常可以通过邮寄资料给客户或约见客户来达到该目的。一般而言，邮寄资料并不是一种好的办法，因为很多人会因为事情太多而忽视资料，甚至随手扔掉。所以这时，电话访谈人员一定要尽量争取见面的机会，通过预约见面来解决这种问题。

依照电话销售的进程，电话访谈人员接下来的工作就要和准客户约定下次的约会，这是与客户达成交易的重要约见。

如何越过接线人，找到决策人

如果你是第一次打电话给客户，如果你的客户是一家公司或其他类型的组织，那么通常你需要越过客户公司里面的屏蔽层面，这些屏蔽人员的作用就是打发那些不必要的电话，让其领导者和决策者专心处理那些重要的事情。这些人通常是公司的总机小组、客户的秘书、前台接线人员，等等。因此，你需要经过多重手续、绕过这些种种阻挠才能找到真正的决策者。针对这些层层的阻挠，你应当表现出完全的自信、专业和耐心，不断地以问题的形式使接线人失去平衡，让其感到来电的紧急与重要，并帮你把电话转给你要找的决策人。下面这些小技巧虽然不算大智慧，但作用可不小，可以帮助你解决那些屏蔽人员的阻挠。

1.巧用回电避开接线人。某著名公司的副总裁经常用一句话来回应挡在面前的接线人。例如，当前台小姐问他"你有什么事情找他呢？"他就会回答："我只是回他的电话，所以我现在也不知道他找我有什么事。"或者说："我可以等他，但现在我人在急诊室。"这里需要注意的是，一旦找到你想要找的人，就要灵活地懂得如何为自己的话圆场，为自己找到一个合理的解释，来让访谈进行下去。

2. 利用时间差躲过接线人。通常那些负责挡电话的人都是朝九晚五的员工，他们总是会有固定的时间吃工作餐或者休息，而往往那些决策人员都会比较早地来到公司，他们的吃饭时间也不一定是正常的工作餐时间，休息的时间一般也是没有的。所以，你可以尝试先打电话问到决策人的分机或者直线，然后再选择一个合适的时间等那些接线人不在的时候直接与决策人通话，这样成功的概率比较大。

3. 利用私事避开接线人的问题。当接线人问你找老板有什么事情的时候，如果你如实回答，结果往往是被拒绝。但如果你换一种表达方式，说"这是我们的私事。"绝大多数时候，这样回答也就够了，电话会马上转到你要找的重要人物那里。

4. 利用高层人员跨过接线人。当你知道你要找的人之后，可以先找他的上司或者更高层的上司，因为一般高层人员都比较礼貌，但是对具体的业务不熟悉，他会告诉你让你找下面的员工，当你的电话再被转到要找的那一级时，下面的员工自然会比较重视，一般不会将你的电话拒之门外。当然，这里你要小心不要让你的电话一直在被转，否则只会浪费你的时间。

5. 与接线人建立信任。当你需要多次打电话与客户联系的时候，最有效的方式是先与接线人建立信任，这样能够极大地提高你电话预约的成功率，因为与接线人建立了感情信任之后，对方不会冷冰冰地拒绝你的要求，建立感情和信任的方式可以这样做：

记住对方的名字，并在每次电话中亲切地称呼对方。例如："您好，王秘书吗，我是……"这时对方会感到非常亲切、舒服，感到受尊重，防范意识也就瞬间消失了。另外，让接线人参与其中，给接线人一定的权力也能够帮助你。比如，你可以对客户说："我下周会请您的秘书帮我们安排十分钟的电话会议时间。"当客户的秘书听到这个消息的时候，他会感到自己受到尊重，自己的工作有价值，对你也产生了好感。这非常有利于以后的工作开展。同时，在你每一次与接线人的沟通中都表现出诚意与感谢，逐渐使接线人更主动地帮助你。同时，你可以在电话里直接说出决策人的姓名，这就是在暗示接线人，我认识你的老板，这样对方的心理防线立刻就会减弱，因为当你用熟悉的口吻或者直呼其名的时候，接线人会误以为你是决策人的熟人，甚至感觉是老板让你打来的。于是他会直接地把电话转到决策人那里。总之，要找到真正的决策人可能是一个复杂的过程，如果你希望从最简单的开始，逐步成为一个出色的电话访谈高手，那么，最基本的训练和技能培养是必须的。下面这些方法相信可以帮助你找到初步的决策人，或者可以使你离决策人员更近。

首先，参照同行，汲取他人的销售经验。在同一行业中，流程是相同的或者相近的，参考在同行业中其他公司的经验和其他电话访谈人员的类似经验，会大有收获。其次，从对方的高层找起也是一个不错的方式。尽可能地从对方的高层入手来接近你的目标客户。不要忘记利用好公司的客户资料，当你的目标客户是一个从前的客户或已经存在的客户时，从前的接触记录与合同会给你提供相关的信息。最后，你还可以通过各种宣传资料了解对方，例如，客户的头衔或其公司的宣传册、网站介绍等会很好地提示他在一家公司中的地位。当然，以上的方法只能缩小访谈人员找到决策人的范围，获得进一步的联系途径，真正的决策人还有待探寻，这样才能更有效地进行电话销售。

利用电话实现顺利约访

把电话约访作为一种筛选客户的工具是因为电话约访的功效每提升10%，就能提升5倍的销售绩效。然而，电话约访不是学会的，而是"打"会的。我们每个人都知道电话约访在行销中非常重要。那么，电话约访在整个行销流程中到底扮演着什么角色？它的作用我们到底运用了几成？如果我们知道电话约访的功效每提升10%，就能提升5倍销售绩效，那么，我们是不是应该对电话约访做一些更深入的探讨呢？

目前，大多数访谈人员都惧怕进行电话约访，其原因只有一个：电话约访容易遭到拒绝。所以，很多访谈人员空有大量准客户名单，却"舍不得"动用。为了更好地帮助访谈人员顺利地实现约访，大大提高访谈的效率和质量，这里，我们和大家分享几个比较知名的关于电话约访的理念，相信对于帮助访谈人员正确认识约访并提高你的电话约访能力大有裨益：

1. 你可以把电话约访作为一种筛选客户的工具。以一位业务员在名片中找到了250个客户名单为例。如果上门拜访，一天6访，星期六星期天不休息，每次都能顺利地见到客户，也需要一个半月才能把每个人拜访一次。仅仅一次，是不太会看到什么进展的。你的努力因为平均化而显得微弱了；如果是第一次打电话，没有一位客户同意见面，第二次，有两三位，三次通话后，同意见面的人数增加到40多位，再打一两次电话，又多出10个人来。只用半个月时间，手头就拥有了50名准客户。

2. 有一点很关键，那就是你的执着和恒心。要让客户感受到你的重视和认真，每一次打电话都有比上一次更大的进展，不是为了打电话而打电话，不是找到一个理由对自己说："好了，我努力过了，但是我被拒绝了，不是我的错。"最终，能见面的总会见面的。

3. 最后告诉大家：电话约访不是学会的，而是"打"会的。你真正需要的是硬着头皮打半个月电话，去适应拒绝、学会筛选；而后，电话约访将成为你的行销利器，你将不再为电话约访而感到惧怕和烦恼。

你可以把电话约访也当作接触。要在每一次"电话接触"中给客户留下好印象，让客户越来越想见到你。以这一理念为基础，电话约访应有这样的表现：第一次电话，一定要表明身份(有介绍人先说明)；"我是宣传保险，不是强行访谈，您先了解一下，不用马上决定购买。"以这种方式请求见面。对于以"忙"为理由拒绝见面的客户，应礼貌道别，以后再约。第二次电话通常可以说："您的时间很宝贵，我也同样如此，有很多客户要约见。其实

客户访谈成功的秘诀

我经常路过您这里，但我想直接上门会给您带来许多不便。先打个电话让您对我有所了解比较好。那么某先生(女士)，您明天上午还是下午有空？"成功更好，不成功，下次打电话客户态度也不会很冷淡。第三次，简短的问候之后要求见面，可以说："通过了几次电话，虽没有见面，但声音已经像老朋友一样熟悉了，相信我们的见面一定会很愉快的……"。第四次、第五次，一直到成功为止。声音要亲切，态度要热情，但不要让他觉得你急功近利，要真诚、适度。

电话访谈可不是拿起电话聊天就行，既然这通电话的目的是约访，当然要有一些电话行销技巧来帮助你更快上手。

技巧一：让自己处于微笑状态，微笑地说话，声音也会传递出很愉悦的感觉，听在客户耳中自然就变得有亲和力，让每一通电话都保持最佳的质感，并帮助你进入对方的"时空"。在你微笑的时候，让你的音量与速度协调。人与人见面时，都会有所谓"磁场"，在电话之中，当然也有电话磁场，一旦访谈人员与客户的磁场吻合，谈起话来就顺畅多了。为了了解对方的电话磁场，建议在谈话之初，采取适中的音量与速度，等分辨出对方的特质后，再调整自己的音量与速度，让客户觉得你和他是同一队的。语气、语调要一致。在电话中，开场白通常是普通话发音，但是如果对方的反应是以方言回答，你不妨也马上转成方言和对方说话，有时这种语言交替也是一种拉近双方距离的好办法，主要目的都是为了要与对方站在同一个磁场上。

技巧二：判别通话者的形象，增进彼此互动，从对方的语调中，可以简单判别通话者的形象，讲话速度快的人是视觉型的人，说话速度中等的人是听觉型，而讲话慢的人是感觉型的人，访谈人员可以在判别之后，再给对方适当的建议。

技巧三：善用电话开场白。好的开场白可以让对方愿意和访谈人员多聊一聊，因此除了会耽误一些时间之外，接下来该说些什么就变得十分重要，如果想多了解对方的想法，不妨问："最近推出的投资型商品，请问您有什么看法？"诸如此类的开放式问句。在开始的时候，要表明自己不会占用太多时间，简单说明耽误您两分钟好吗？为了让对方愿意继续这通电话，我最常用的方法就是请对方给我两分钟，而一般人听到两分钟时，通常都会出现反正才两分钟，就听听看好了的想法。实际上，你真的只讲两分钟吗？这得看个人的功力了！

技巧四：善用暂停与保留的技巧。什么是暂停？当访谈人员需要对方给一个时间、地点的时候，就可以使用暂停的技巧。比如，当你问对方："您喜欢上午还是下午？"说完就稍微暂停一下，让对方回答，善用暂停的技巧，将可以让对方有受到尊重的感觉。至于保留，则是使用在访谈人员不方便在电话中说明或者遇到难以回答的问题时所采用的方式。举例来说，当对方要求访谈人员电话中说明费率时，访谈人员就可以告诉对方："这个问题我们见面谈时当面计算给您听，比较清楚"，如此将问题保留到下一个时空，也是约访时的技巧。

技巧五：身体挺直、站着说话或闭上眼睛。假如一天打二十通电话，总不能一直坐着不动吧！试着将身体挺直或站着说话，你可以发现，声音会因此变得有活力，效果也会变得更好，有时不妨闭上眼睛讲话，让自己不被外在的环境影响答话内容。

使用开放式问句，不断问问题。问客户问题，一方面可以拉长谈话时间，更重要的是了解客户真正的想法，帮助访谈人员做判断。不妨用：请教您一个简单的问题、能不能请您多谈一谈，为何会有如此的想法等问题，鼓励客户继续说下去。强调产品的功能或独特性："这个产品很特别，必须当面谈，才能让您充分了解………"在谈话中，多强调产品很特别，再加上由您自己做决定，让客户愿意将他宝贵的时间给你，切记千万不要说得太繁杂或使用太多专业术语，让客户失去见面的兴趣。一再强调您自己判断、您自己做决定。为了让客户答应和你见面，在电话中强调由您自己做决定、由您自己判断等句子，可以让客户感觉访谈人员是有情感的、是不会死缠烂打的，进而提高约访几率。

技巧六：给予二选一的问题及机会。二选一方式能够帮助对方做选择，同时也加快对方与访谈人员见面的速度,比如早上或下午拜访、星期三或星期四见面等问句,都是二选一的方式。立刻顺着客户的话走,例如当客户说:"我买了很多保险"时,不妨就顺着他的话说:"我就是知道您买了很多保险,才打这通电话。"当客户说:"我是你们公司的客户",不妨接续"我知道您是我们公司的老客户,所以才打这通电话。"最后,别忘了为下一次开场做准备,当我们做结束语时,别忘了和对方说:"感谢您抽出时间",或者告诉对方:"非常荣幸认识您。"

好的结束语,有助于为下一次开场做准备。

第三节

如何与老客户进行深入沟通

与客户建立良好的关系并不仅仅是在电话访谈的过程中体现,在接受电话访谈之后,访谈人员还应该为客户提供各种各样的服务,处理客户的抱怨等。这些工作的核心目的,就是为了建立良好的客户关系。所谓建立良好的客户关系,是指电话访谈人员运用各种手段建立并维持与主要客户的良好的业务关系和人际关系,以便获得更多的访谈机会和业务订单。和客户建立良好的客户关系,实际上就是要求电话访谈人员与客户建立长期稳定的关系,赢得老客户的重复购买,并通过老客户吸引更多的新客户。在这个方面,能否与老客户建立良好的关系是非常重要的一项内容,与老客户进行充分、深入沟通就是要靠建立良好的关系,用关系来维系业务,这样的业务关系往来才能长久。那么,与老客户进行深入沟通,需要做好哪些方面的工作呢?在本小节中将为读者朋友们一一介绍。

整理与保存客户资料

要成为一名合格电话访谈人员,必须做好——客户资料的整理保存这项工作。电话访谈人员应该充分认识到有效管理客户资料的重要性。由于在电话访谈的过程中与客户的通话时间十分有限,而且人的记忆力也不可靠,不可能全部记住所有通话过的电话号码及客户的有关资料,因此,电话访谈人员应该及时地把客户的相关信息记录在卡片或记录本上。一般来说,客户资料卡的记录内容主要包括以下内容:

第一个基本组成部分是客户的基本资料。客户的原始资料包括客户名称、地址、电话、所有者、经营管理者、法定代表人、企业组织形式、个人性格、爱好、学历、年龄、创业时间、交易起始时间、资产，等等。

第二个基本内容是客户特征数据。不同的客户有不同的特征，需要根据其特征来建立有关的数据，以方便管理和为其提供个性化的服务。客户的特征数据主要包括服务区域、销售能力、发展潜力、经营观念、经营方向、经营政策、企业规划、经营特点，等等。根据客户的这些数据可以判断其主要的经营特色，也可以对客户有更全面和深入的了解。因此，必须对客户不同的特征数据进行有效管理。

此外，我们强调客户资料管理，因为其重要性十分突出，现有的客户、与企业联系过的单位、企业举办活动（如公关、市场调查）的参与者，等等，他们的信息资料都应该得到良好的处理和保存，这些资料积累到一定的程度，就是一笔财富，在市场访谈精耕细作的今天，这尤为重要，无论是电话访谈人员还是企业内的其他员工，都应该在平时的工作中注意搜集客户的有关资料，比如，像客户的业务状况，主要包括客户的销售业绩、经营管理者的素质，等等。每一次电话销售的交易达成或者接近尾声的时候，要把这些信息进行汇总和归档，以便于日后使用。那么客户信息整理和归档的方法主要有：按照客户或者公司的名称归档；同时做好检索记录，主要通过产品、邮编、日期等检索关键词归档；汇总重要的客户信息，如客户有什么需要，有什么时间限制，有什么异议等；最后还要设置跟踪信息表格。如果每一次成交之后，或者每一天的电话访谈工作结束之后，访谈人员都能做到认真地整理客户资料，不久之后就会有自己的客户资料信息库，查阅信息就方便多了。

随着客户关系管理的逐步提升，作为客户基本信息的客户资料越来越全面、细化，各级部门为了提高客户服务质量和能力，都将客户资料作为管理和服务的最根本依据。与此同时，我们也看到客户资料还存在许多不到位的地方，影响了工作人员管理和服务的效率：一是资料不全面。一份全面的客户资料应该包括客户基础资料、信用资料、经营资料、销售业绩统计及客户动态变化情况及分析,其中前四项资料基本能够到位,而客户的动态变化情况及分析这一部分资料很少甚至没有,而正是这一项内容真正动态反映了客户日常经营、守法经营的发展变化。二是资料更新不及时。客户资料涉及多方面的内容,要求各个关系部门对客户的变化情况随时进行更新才能保证客户资料的价值,在我们工作中往往只有直接部门和人员会将客户动态信息及时更新,其他部门或人员所获得的信息由于未能及时传递反馈导致客户资料数据得不到及时更新,从而降低了客户资料的价值。三是资料不规范。主要现象是对于同一项内容的输入没有固定格式,导致相同内容出现不同形式的记录,增加了数据分析和统计的难度。对于上述问题笔者认为可以从以下几个方面进行解决:

提高客户资料重要性的认识。这要求从领导阶层开始就要对客户基本资料充分重视,从而带动其他人员在日常工作中充分重视客户基本资料,将其作为一项重要工作来做,确保资料的不断更新和完善。统一规范信息的填写方式和方法,提高信息资料的标准化程度。这可以以文件的形式进行规范,要求填写人员按照一定的模式、单位等进行填写、汇总、计算,减轻信息处理和加工的难度。加强沟通,建立非直接部门与直接部门之间的联系通道。如每天电话交流客户信息变化情况、利用客户关系管理软件进行信息沟通、举行定期工作交流会,等等。建章立制,奖惩分明。定期抽查客户资料维护情况,对没有及时维护客户资料的人员进行考核处罚,对资料维护及时、全面并能够充分加以运用的人员予以奖励。在客户资料完备、完善、完全的基础上,我们的客户服务质量才能也一定能够得到有效的提升,从而真正实现与客户共创成功的目标。

总之,只有做到客户资料完备,对客户的服务质量才能得到有效提升,才能真正实现与客户共创成功的目标。

如何与客户保持长期关系

在电话销售中，与陌生客户的第一个电话对大部分电话访谈人员来讲，是一个挑战。只是，对于那些经验丰富的电话访谈人员来讲，陌生电话拜访已经成了一种习惯，没有什么可以难得倒他们。他们关心的热点问题已经开始转移，其中一个就是如何与客户保持长期联系。与客户保持长期联系的方法有很多，其中跟进电话就是一种比较常用的与客户保持长期联系的方式。这里重点探讨如何来打跟进电话，通过跟进电话与客户保持联系。

我们举个例子来说明，当我们在电话中与一些客户初步交流过后，客户可能会讲："好，你给我些资料看看。"而当电话访谈人员在发过电子邮件后，再打电话跟进的时候，可能会有如下场景：

电话访谈人员："今天给您打电话，就是想与您确定一下资料是否收到。"

客户："收到，谢谢！"

电话访谈人员"那有什么疑问的地方？"

客户："没有，谢谢！"

电话访谈人员："如果是这样，那让我们保持联系，如果以后有什么需要的话，请随时与我联系！"

客户："好的，好的，一定，一定！"

这个跟进电话是否很成功，相信经验丰富的电话访谈人员会说：不。为什么？因为经验告诉我们：这样讲的客户80%以上不会再主动与你联系。那如何打跟进电话才会既可以推动销售，又可以保持长期关系，还可以加强客户对我们的良好印象呢？首先，要在第一次电话中确定这个客户是否值得你再次打电话给他，否则，就是在浪费时间。电话目标很重要，像刚才例子中，除了知道客户是否收到资料外，还应尽可能多的提些问题，获取更多的信息。例如：那这个问题您怎么看？它对您有帮助吗？帮助在什么地方？您建议我们下一步如何走？为什么呢？等等。

跟进电话在开场白中，就应该把这次电话与上次电话的要点和结果联系起来，让客户想起上次谈话的要点，如双方都做过的承诺等，同时，陈述这次电话目的。而不是仅仅告诉客户："我觉得应打个电话给您……"。典型的跟进电话："陈经理，我是××公司的×××，上周三电话结束时，我们约好今天打电话给您。当时，我们谈到……今天给您电话是我们对这个问题又进行了深入研究，想同您探讨下这个结果，可能会花15分钟左右时间，您看可以吗？"

打跟进电话给客户时，最好能有些新的、有价值的信息给客户，让客户觉得每次与你通完电话后都有收获。关于这一点，最好能与你的同事一起进行"头脑风暴"，看看可以找出多少有价值的理由与客户保持联系。例如，你公司最新的产品、同客户约好回电、客户在这期间业务上发生了变化、同客户确定价格，等等。

我们公司最近根据客户的要求，开发了一种新的成本更低的产品或者最近看到您公司业务在调整，所以，想着您可能会需要我们的帮助；最近在看报纸，其中的一条新闻觉得您可能会感兴趣；我一看到我们的新产品，第一个想到的就是您，我觉得您可能从中获得利益……；我昨天看电视，听到一个主持人的声音特别像你，所以，就打电话给你……；等等。

同时还要注意，打跟进电话时以下话语尽可能少讲：打电话给您主要是想看看您最近好不好；是看看是不是有什么变化；很久没有联系了，觉得应当给您个电话；只想看看您是否准备好；看是不是有些什么东西是您需要的。

打跟进电话的一般流程也是需要掌握的。首先表明你的身份，直截了当："我是中国电信的王刚……"然后再从某点上过渡到这个电话目的，接着把这次打电话的目的准确传达，"今天就是具体同您一起探讨那个降低成本的计划的"，这个时候你需要确认客户时间是否允许，不然就显得很没有礼貌。"可能要花10分钟时间，现在方便吗？"通过提问把客户引入会谈，"您对我提交给您的新方案有什么建议？"等。做好计划，识别有价值客户进行跟进，根据不同类型的客户确定电话跟进的频率，最好采用一个客户联系软件来管理你的客户，以提高跟进电话的效率。比如，通过一个软件系统来进行客户关系的维护，可以将客户分为：

（1）已服务的客户：实行客户档案分类细化管理，分期定时进行电话跟踪。

（2）正在服务的客户：从销售开始进行电话跟踪到客户资料进入客户档案分类细化管理区。

（3）准客户：对现行客户进行分析并根据分析后的需求进入电话培养服务期，增强客户对企业的信赖感，从而达成促成的效果。

（4）转介绍的客户：让其感受优质的服务和科学的管理。

第四节

如何应对电话拒绝

正确认识客户的拒绝

每一个人都有拒绝电话访谈的权利与情绪；拒绝可能是准客户当下的反应，不一定代表永远拒绝；客户拒绝可能是在拒绝电话访谈方式，而不是产品；拒绝可能只是一种自然的反应，无从解释原因；客户的拒绝往往有可能是下一个接触的开始，有拒绝就有可能被接受。因此，访谈人员必须有处理问题的耐心，同时维持基本的礼仪。有了以上的基本认识，面对拒绝你应该：视为当然，切勿让它影响了你的心情；再接再厉，电话访谈很简单——只是把会购买的准客户找出来而已。回想一下拒绝别人的情境与心情，设身处地，体谅准客户拒绝的情绪，同时，建议你统计一下被拒绝的次数，如果超乎寻常，赶快检查自己的行销方式。

在应对客户拒绝的时候，有没有哪些方式是普遍适用的呢？访谈人员总结出一些比较通行的经验：微笑打先锋，倾听第一招。赞美价连城，人品做后盾。实际上所有的拒绝只有三种：第一，是拒绝销售人员本身；第二，是客户本身有问题；第三，是对你的公司或者是产品没有信心。拒绝只是客户的习惯性的反射动作，除非他听了介绍就买——很可惜这样的情况比较少，一般说来，惟有拒绝才可以了解客户真正的想法，并且，拒绝处理是导入成交的最好时机。拒绝处理的技术要从分析中国人的个性开始着手。中国人的个性中的优点和缺点，都是很好地将客户拒绝转化为下一步接触的机会点。

如何灵活应对客户的托词

不要害怕客户任何形式的托词，只要你抓住一个关键点：弄清客户拒绝购买的真正原因，那一切问题就会像医生找到了病因一样变得明朗起来。

客户经常向访谈人员的服务或者产品表示拒绝，他们采用各种各样的托词，有时候他们甚至可以用一个千篇一律的理由"打退"所有的访谈人员。客户提出许多拒绝的理由可能并不是他们拒绝你的真正原因，对于这一点，访谈人员必须时刻谨记。同时，访谈人员还必须弄清楚客户拒绝购买的真正原因是什么，然后根据这些原因解开客户的心结，实现销售的目标。

不同的客户对不同的产品或服务会有不同的拒绝原因，如何对这些原因加以积极的应对，这要求访谈人员既要掌握灵活的方法又要了解必要的原则：

1. 应对"我们没有这方面的需求"

客户有时会主观地认为自己不需要某些产品或服务，而且这也是阻挡访谈人员进一步展开访谈活动的一个有力的挡箭牌。很多访谈人员都被这个挡箭牌紧紧地关在了门外，可是那些访谈高手却知道怎样使客户相信——他们以前只是不曾意识到，但确实有这种需求。当他们做到这一点的时候，自然会令自己的访谈活动拨云见日。

例如，客户："这种东西对于我来说没有任何作用，我从来就不需要它。"

访谈人员："我们的很多客户在购买这种产品之前也和您一样，都认为自己没有这方面的需求，不过，等他们体会到产品的用途之后，现在都觉得它的好处说不完呢。您看，这种产品……"

有时客户会告诉访谈人员，他们刚刚购买过这类产品，所以目前没有这方面的需求。这种情况下，访谈人员不应该垂头丧气地摆出一副"我要是早来一步就好了"的遗憾表情，而应该告诉自己"这些客户表明了自己有这方面的需求，我只要说服他有此类需要时考虑我的产品就可以了"。这时，访谈人员可以试试以下做法：告诉客户购买你的产品有哪些好处，并且让他们觉得这些好处是其他商家的产品难以具备的。然后留下一份简明的产品资料，此后与客户经常保持联系，等到客户的前一份产品快要用完时迅速出击，争取拿到客户的下份订单。

2. 应对客户的拖延

客户常常会说"我现在没有时间……或者这个季度的采购已经结束，等下个季度我们会考虑的；你先把资料放在这里，等我看完后给你答复。"

上面提到的几种客户的托词相信很多访谈人员都觉得十分熟悉。面对这样的客户反应，有些访谈人员会无可奈何地离开，然后心存侥幸地等待客户的回音；有些访谈人员可能会就此放弃，因为他们觉得客户明显地对自己的产品没有任何兴趣。这两种表现都不会在一个意志坚定的优秀访谈人员身上出现，一个优秀的访谈人员一定会采取更积极的方式来解决眼前的难题。

当客户以拖延时间的方式表示拒绝时，访谈人员可以采取以下方法加以应对：

（1）限定时间。这种方式很简单，访谈人员只需要告诉客户自己所需要的时间（注意一定要保证这个时间不会让客户感到太长，但也要保证你能够在这个时间内给客户留下好印象），并且告诉客户，如果超出这个时间，你会自动离开。这样访谈人员就首先为自己争取到了介绍自己和产品的机会，如果你的开场白比较精彩，还可以进一步引起客户的好奇心和购物兴趣。例如："您只要给我三分钟的时间……"

（2）直接进入重点。如果客户已经明确表示自己的时间不够充裕，那访谈人员就不要再用一些冗长的客套话来增加客户的反感了，原则上应该直接进入谈话重点，迅速提出最吸引客户注意的产品优势。例如："××公司（举出说服力最强的客户名称）利用这种产品大大提高了计算机的运作效率……"

（3）提出最后期限。有时客户故意拖延时间，可能是想获得一些好处。此时，访谈人员最好高度概括此时购买产品的最大好处，而且明确告诉客户如果超过了这一期限，那么这些优惠措施就会失效。例如："本周是我们的优惠周，如果在优惠期限内购买，不仅享受打折优惠，而且还会得到公司免费赠送的一份精美礼品……"

3. 应对先入为主的成见

不可否认，有些客户在你还没有与其交流时，就已经对你的行业、公司或者产品产生了某些偏见。产生这些偏见的原因可能是他们曾经与你的同行有过不愉快的交往，可能你选择的时机或者场合不合适，甚至可能只是一些道听途说的小道消息。

当客户的心里已经产生了某些成见时，访谈人员可以引导客户说出产生偏见的原因，然后用巧妙的比喻或无可辩驳的事实解除对方的偏见。例如：

客户："我听说有些人冒充访谈人员，一看到家里没人就撬门偷东西，如果家里有人就用一些花招骗人。我宁可不买东西，也不愿意被你们这些人给欺骗了。"（注意：客户把你和骗子已经混为一谈了，此时对你来说最重要的不是对客户的成见表示不满，而是引导客户放下成见，接受你的访谈。）

访谈人员："我们这些正规厂家的访谈人员其实最痛恨那些骗子了，那些人不仅破坏了我们的名誉，而且还使很多人家里受到了严重损失，真应该得到法律的严惩。不过真金不怕火炼，您的火眼金睛一定能让那些家伙无处藏身，我今天真是有幸能为您提供服务。"

如果客户内心的成见根深蒂固，一时难以说服，或者发现客户已经钻到牛角尖当中，那还不如先退一步，与客户另外约个时间再谈。这样一方面可以淡化冲突，另一方面可以给客户留下一个思考的空间。

4. 应对提出多种异议的客户

有时客户拒绝访谈的原因是多重的，例如："你们的产品质量不够好，可是价格却比较高，而且我今天的时间已经安排得满满的。再说了，妻子上周刚给我买了一件这样的东西，我现在已经不需要再买了。"这些客户似乎把话说得严严实实，几乎没给访谈人员留下一丝空隙。

面对这种情形怎么办？如果一走了之，只能意味着永远地失去这个客户；可如果在这里软磨硬泡，又怕是白忙一场。在此之前，访谈人员应该事先准备一个特别吸引人的开场白。当客户提出多种异议时，你先不要急着一一应对，而是在说出自己开场白的同时观察客户的反应，这些反应包括很多种，如面部表情等身体语言、说话的语气和声调的变化等。然后综合各种信息，如果确定暂时真的没有说服客户的可能，那就礼貌地告别客户；如果发现客户态度发生转变，即使是最微妙的转变，那也要再接再厉地进一步展开与客户周旋。在与客户周旋时，访谈人员必须及早确定客户最大的疑虑是什么，如果解决了最大的问题，那么其他问题就会迎刃而解。

打错电话如何化解尴尬

打错电话是每个人都有过的经历，有时很让人尴尬，莫名其妙。但是作为一个优秀的电话访谈人，应该以真诚之心弥补一时失误而造成的影响，而且用热情和真诚获取一个新的营销机会，赢得一个原本毫无关系的新客户。因此，打错电话也是一个非常难得的机会，电话访谈人员在分享自己的成功经验时，提出不能放过打错的电话，当你在电话访谈的时候打错电话，就要将计就计，进行成功访谈！下面来看一个打错电话但最后实现了成功营销的真实案例，对于一对一电话营销的销售人员应该有很好的启迪。

"您好！张先生，我是中天行房车俱乐部的会员经理刘冬梅。"

"你好！"

"周六去天津的活动您没有忘记吧！我需要跟您确认一下，免得您工作太忙忘记了。周六早上我们在工体等您，好吗？"

"哦！您可能是打错了吧，我记得周六是有个活动，不过不是天津，您是哪个俱乐部？"

"我是中天行房车俱乐部的会员经理刘冬梅。您不是张先生吗？您的电话是139×××××××。"

"啊，错了。我的电话是139×××××××。"

"哎呦！您看，真是不好意思，我工作疏忽，拨错了一个号码，耽误了您这么多时间。差点让您上错车跟我们去了天津。"

"哈，可不是吗？我要不小心真就跑到工体去了。"

"不过，既然是我工作失误，差点耽误了您的事情，我可不可以邀请您有时间跟我们俱乐部一起度个周末呢？"

"哎！好！你们俱乐部是做什么的呢？"

"我们俱乐部是国内第一个拥有房车的俱乐部。我们经常组织一些会员和对房车感兴趣的人进行度假和周末体验活动。俱乐部定在这个周六举办的是房车体验旅行，时间确定在周六早上九点出发，集合地点是工体北门俱乐部门前。现在，很多人参加，大家一起去天津参观，体验一下房车旅行。如果您有时间，欢迎您一起参加。张先生，对了，您是姓张吧？我是不是称呼错了？"

"呕！没关系，我姓李。"

"李先生，真是不好意思，一直把您当张先生了。您要是感兴趣，我可以帮您安排，或者选择周日或下周都可以，我们在每周都会举办一些活动。"

"我记得周六我安排了事情，不过你们房车旅行还是很有意思，是电影中那种房车吗？"

"是的，不过是那种比较经济型的，这比较适合国内的交通和配套设施。您可以找时间参加我们的活动来亲自体验一下，或者我给您传真一些资料，我可以帮您安排，免得耽误您的时间。"

"那麻烦您帮我安排一下下周跟你们活动吧。"

"好的，李先生，我已经记下了您的电话了，我一定帮您安排好，下周我还是这个时间给您打电话，好吗？"

"好！可以，或者打到我的办公室×××××××××"

"好的，一定！您也记一下我的电话，如果您还有什么需要我安排的可以随时跟我联系，我的电话是 136×××××××。不多打搅您了，耽误您这么长时间，祝您周末愉快！再见！"

"好的！再见！"

上面的对话是笔者身边发生的真实故事。李先生不但应邀参加了活动，还正式加入了俱乐部。

打错电话是我们每个人都有过的经历，有时很让人尴尬、莫名其妙。但是作为一个优秀的销售人员、服务人员，更应该像上面对话故事中的会员经理一样，不但以真诚之心弥补了一时失误而造成的影响，反而用热情和真诚取得了一个新的营销机会，赢得了一个原本毫无关系的新客户。

一旦发现自己打错了电话，首先不要乱了阵脚，而是应该顺着下来与客户进行交流，在说了几句过渡性的话语之后，要迅速地转到自己想要表达的问题上来，要记住这个转折要比较流利，不能很生硬地告诉对方你本来的目的是什么，而是要让对方非常自然地接受你的邀请或者要求，能否很自然地转到你想要进行电话访谈的目的，是成功的第一步。接下来，访谈人员就可以很自然地与客户进行电话访谈了。

因此，开发一个新的客户并不困难，难就难在你能否很好地让客户了解你，接受你。

第六章

面谈——如何轻松成交

第一节

面谈人员的必备素质

访谈人员应具备的心理素质

访谈人员只有具备优秀的心理素质，才能以积极、乐观的心态面对工作，这是保证工作圆满完成的先决条件。由于人的性格因素、心理因素客观上存在着可塑性，因此访谈人员的心理素质也是可以通过后天的不断实践、不断磨练、不断学习加以提升和发展。那么，访谈人员应该具备哪些心理素质呢？

首先，宽容平和的心态有助于工作的顺利进行。客户访谈的出发点是客户的利益，因此在访谈的过程中，拥有宽容平和的心态是相当重要的，在与客户打交道的过程中，不可避免地会产生各种矛盾，这就要求访谈人员在面对客户各种不同的抱怨时，不生气、不抱怨、不争吵，而是要面带微笑，诚恳地致歉并理智为每一位客户解决问题。此时妥当地处理客户关系更能拉近访谈人员与客户的关系，甚至客户也会为访谈人员平和的态度而增加对访谈的满意程度。具有宽容平和心态的人，能够接受各种各样与自己性格、志向、脾气不同的人，并能异中求同，求同存异，与各种类型的客户同时建立良好的人际关系，并能冷静地对待和处理工作中所遇到的困难和挫折。

其次，具有直面现实的勇气。现实并不会总是一帆风顺，选择了访谈工作这项具有挑战性的工作就是选择了一条崎岖不平的路。访谈人员要做好面对冷眼、拒绝、失败的准备。因此，访谈人员面对一次次的挫败，不是情绪低落、畏缩怯懦，而是直面痛处，不断进行反思，勇敢地找到"症结之处"，一点点地将其清除。坚强的毅力会帮助访谈人员在遇到任何困难的时候，勇于逆流而上，当取得胜利的那一天，就会觉得比别人得到的更多。

学会不断地调整自己的心态很重要。客户访谈工作给了访谈人员充分的锻炼机会，只要访谈人员一次次地尝试，打破一切常规，勇于打破自己原有的定论，不断地调整心态，终会惊喜地发现，客户会因为自己出色的表现，欣然认可自己的工作，从而买下产品或服务，这也就是访谈人员创造优秀业绩的开始。

乐观地面对生活与充满自信的心态也能够帮助你更轻松地面对工作的压力。访谈工作往往需要多次与客户接触，当然不是一帆风顺、一蹴而就的。这要求访谈人员要从工作中感受乐趣，创造出生活的色彩，让周围的人被你的激情与活力所感染，创造舒心的氛围，这样才有可能迈向成功，要做到生活因为工作而丰富，热爱生活、热爱工作、以极大的热情投入到每一天的工作当中。而自信则需要建立在正确的自我认识和评价基础之上，是对自我能力的充分肯定，因此，正确培养自信的方法是深入剖析自己，认识自己的长处与短处，在不断地肯定和发展自己优秀的一面的同时，从自身弱点出发，不断完善自己，鼓舞自己，克服自卑心理，相信自己能够胜任访谈工作，相信自己能够与客户融洽沟通，相信自己能够战胜困难。只有时刻充满自信，才能使客户对访谈人员充满信心，从而实现产品的客户访谈。这才是真正意义的顾问式访谈。但自信不是无根据的盲目自我崇拜，只有拥有健康、积极的自信，才能最后取得成功。

仪表、礼节如何做到得体、合适

在您拜访一个潜在客户之前，检查一下自己的衣着很重要。这样他们喜欢您并认同您和他们是同一类人。如何穿着呢？和您的客户穿着一样就很好。穿着是客户见到您的第一印象，得体的穿着让客户的心情放松。

肢体语言——也许您不信，调查表明超过半数的人认为走路方式是对方认可的重要指标。走路可以看出您的自信心。您不信可以去百货公司看看，一个不介意走路方式的营业员是否会让您反感，因为肢体语言能够表达出一种趋势，那就是您是否自信，或者是否冒犯他人。

微笑——微笑如同一剂良药，能感染您身边的每一个人。没有一个人会对一位终日愁眉苦脸、深锁眉头的人产生好感，能以微笑迎人，让别人也产生愉快的情绪的人，是最容易争取别人好感的人。

问候——问候的方式决定于多方面。见面的环境也同样影响着您的问候方式。如果您知道了对方的名字和称呼，那是最好不过了。如果恰好有认识他的人您也认识，不妨稍稍夸奖对方两句。

握手——握手能表达您信任、自信和能力。当然有的人或有的场所就不适合握手，也有些人就不愿意握手，所以您要注意，为了避免和那些不愿意握手的人出现尴尬的局面，您可以保持右手臂微曲放在体侧。当对方伸手时有所准备。握手在大多数场合都是合适的，但要正确掌握。花点时间体会您和别人的握手，您能感受到对方的态度。

注意客户的情绪——生理周期、感情、工作压力都会影响一个人的情绪，想想您自己，您也会感到自己的情绪处于周期性的低潮或高潮。如果对方处于情绪低潮中，或者刚发完火，也许不是很适合和您谈生意，所以您要体谅客户的心境，找机会另约下次见面的时间后，迅速而礼貌地告辞而出。

记住客户的名字和称谓——细节决定成败！卡耐基小的时候家里养了一群兔子，每天找寻青草喂食兔子成为他每日固定的工作。年幼时家中并不富裕，他还要做其他的杂事，所以有时候实在没有充裕时间找到兔子最喜欢吃的青草。因此，卡耐基想了一个办法：他邀请了邻近的小朋友到家里看兔子，要每位小朋友选出自己最喜欢的兔子，然后用小朋友的名字给这些兔子命名。每位小朋友有了自己名字的兔子后，每天这些小朋友都会迫不及待地送最好的青草给自己同名的兔子。

名字的魅力非常奇妙，每个人都希望别人重视自己，重视自己的名字，就如同看重他一样。传说中有这么一位聪明的堡主，想要整修他的城堡以迎接贵客临门，但由于当时的各项物质资源相当匮乏，聪明的堡主想出了一个好办法：他颁发指令，凡是能提供对整修城堡有用东西的人，他就把他的名字刻在城堡入口的圆柱和盘石上。指令颁发不久，大树、花卉、怪石等都有人络绎不绝地捐出。深谙名字的魔力，能让您不劳花费就能获得别人的好感，千万不要疏忽了它。

客户访谈人员在面对客户时，若能经常、流利、不断地以尊重的方式称呼客户的名字，客户对您的好感，也将越来越浓。专业的客户访谈人员会密切注意潜在客户的名字有没有被杂志报导。若是您能带着有报导潜在客户名字的剪报一同拜访您初次见面的客户，客户能不被您感动吗？能不对您心怀好感吗？

让您的客户有优越感——每个人都有虚荣心，满足虚荣心的最好方法就是让对方产生优越感。但并不是每个人都能功成名就，使自己的优越感得到满足，相反地，大部分的人都过着平凡的日子。每个人平常都承受着不同的压力，往往有志不能伸、处处听命于人。虽说常态如此，但是绝大多数的人都想尝试一下优越于别人的滋味，因此，这些人会比较喜欢那些能满足自己优越感的人。

巧妙地奉承、阿谀固然能满足一些人的优越感，但也有弄巧成拙的时候。让人产生优越感最有效的方法是对他自傲的事情加以赞美。若是客户讲究穿着，您可向他请教如何搭配衣服；若是客户是知名公司的员工，您可表示羡慕他能在这么好的公司上班。

客户的优越感被满足，初次见面的警戒心也自然消失了。彼此距离拉近，能让双方的好感向前迈进一大步。

掌握准确的说话姿态

说话需要什么姿态？姿势是内心状态的外部表现，完全依你自己的情绪、感觉与兴趣而定，一个从内心所发出来的姿态，不知要比一千条规则所指示的好多少倍。姿势不是衣服，你可以根据你的欲望加以改变，而且得由你的内心感觉，才可以表现出来。因为姿势是内心的表现，所以你如果坚持要训练成为一种模型，那不但单调，而且是可笑的举动。有些人在说话越高越响的时候，常把两手高举着。越是真情越流露，动作和姿态也越显得自然。有时因心情愉快，便把两手在空中挥动；有时因心情悲苦，忍不住握着拳头，紧紧地靠在自己的胸前；而当愤怒的时候，更不免举拳猛击，但是这种动作和表现姿态，都是以自然和灵活为要素。

当然，许多演说家的姿态，仿佛是戏剧的小丑一样，十分古怪，十分可笑，但是他们都是出自心灵，都是内心的表现，无论是笨拙、是灵活，我们都不必去批判他们，只有一点我们必须牢记：就是他们是否是由自己所创造。或许你会认为只要是由内心自然流露的姿态，我们尽可以不必加以注意了，这种说法对吗？不，决不是的，我们为了要吸引听众，我们也必须注意姿态，不过姿态绝不是口才训练的主要科目，它是帮助口才更动人的一个助手。

除了演说的时候，大部分的谈话，总是有机会可以坐下来的。关于坐的问题，有很多种不同的方式。有的人喜欢坐在人们的中间，让大家围坐在自己的身边；有的喜欢坐在会场的角落，不让大家能够清楚地瞧着自己；有的喜欢坐在听众的外围，主要用意是不让人家能看得仔细。其实，座位最好是对着听众，让大家可以瞧得清清楚楚。但是你如果要坐的话，应该把座位选择在听众的中间，方便人们都能清楚地瞧见你。不过坐的时候，姿势要自然，而且保持端正，切不可斜靠在椅中。有的盘起腿，有的把手臂搁在椅背上，这些都是引人轻视的动作，必须加以注意。

一个人在发表意见时，对于手的安放问题，确也值得留心。究竟两只手应该怎么放置呢？倘若可能的话，最好是忘掉它们，让它们自然地垂直在身体的两边。不过万一你觉得有些累赘，不妨把双手插在衣袋里，或是放在背后。总之一句话，必须使你的情绪安静。手的位置是演说者不必多加留意的问题，你应当集中注意于真情的流露，而两手却是帮助你的真情流露的工具。这工具放得适当，在需要应用它们的时候，就可以立刻派上用场。不过你不要学习那种下流人，故意把手交叉在胸前，更不可勉强扶在讲桌上，这样使你的身体不能自由行动了。如果两手故意去玩弄自己的衣服，那更会使听众转移注意力，实在是一种愚拙的行为。

你曾否留心过，如果有人把一种主要的意见，用诚挚而易令人感动的语气，对你说出来，你的心里就不易产生相反的意见，因此，如果你预备给人一个好的印象并使人赞同，请记住，激起人的感情远比引起人的思考更为有效。

"肢体动作"也是一种语言。从你在别人眼中出现，一直到你开口之前，这一段时间你都在说着话，只是并非用口来说。在你开口之前，你的眼睛、你的动作、你的全身都在表达某种意思。这些你所表现的状态会使人愿意听你说话，或是不愿意听你说话。所以在开口之前的这段时间要特别注意。在你开口之前，你必须用你身体全部，向听的人传达你对他们的敬意与好感，暗示出你所要说的话的重要性。即使在闲谈的时候，在朋友们的客厅里，坐着的你忽然站起来，或者把你的座位向对方移近一点，或者在众人之中，选择一个良好的位置，或者突然采取一个不寻常的姿势，只要你做得自然得体，对你的言语会有很大的帮助。

我们的手是最会"说话"的了。我们不必每一句话都配上手势，因手势做得太多，会使人觉得不自然。可是在重要的地方，配上适当的手势，就会吸引人们的注意。如果能够使人在听你讲话的时候，不但有得听，而且还有得看，那你几乎可以不必担心对方的注意力会从你的身上游离开。咿啊乱叫不算是说话，乱挥乱舞不算是手势。不自然的手势，会招致许多人的反感，造成交际的障碍。优美动人的手势常令人心中充满惊喜。非常柔和温暖的手势会令人心中充满感激。非常坚决果断的手势，好像具有千钧万钧的力量。有的手势令人深刻地感到他的热情和欢喜；有的手势却轻率得像个阿飞；有的手势漫不经心；有的手势使人觉得他洋洋自得；有的手势告诉你他非常忙，正要赶着去办一件紧急的事情；有的手势又告诉你，他有要紧的事情要向你谈，请你等一等。在让坐、在握手、在传递物件、在表示默契以及在谈话进行中，手势有时成为谈话的一部分，可以加强我们语言的力量，丰富我们语言的色调。有时候，手势也成为一种独立且有效的语言。有位评论家说："大家都爱说自己受理智的支配，其实整个世界，都可以被感情所转移的。"如果一个人只是竭力装得严谨和敏锐，那他一定失败无疑，但是倘若他的话是从心底里发出来的，就不会失败了。不管他在讲重大的政治经济问题，或是个人的旅行杂谈，只要他感到心里确有一番非说不可的话，那他的话，就会像火一般的炙热了。具有恳切和热诚的人，他影响对方的力量之大，像膨胀的蒸汽一样，即使他在修辞上犯了多少错误，也不会惨败的。

第六章 面谈——如何轻松成交

第二节

如何顺利接近客户

如何吸引客户的注意

访谈人员在访谈的过程中怎样保持客户的注意和兴趣是关键的问题。当你希望顺利地接近客户，首先你要把客户的注意力抓住，在你赢得了客户的第一次访谈机会之后，吸引客户的注意就是非常关键的。能否很好地吸引客户的注意力是决定面谈质量和最后成功的关键。

初步洽谈往往需要访谈人员通过讲解与示范帮助客户全面了解商品而产生购买欲望的过程。研究人员习惯将这一过程简称为面谈。面谈是接近的继续，是实质性洽谈的开始。面谈也有其特定的任务、原则和方法。

成功的接近过程使客户对访谈活动和产品产生了注意和兴趣，但能否在面谈过程中继续使客户的注意力集中于经销活动上，能否使客户始终对产品（及成交条件）具有探索欲望，还有赖于访谈人员是否认识到保持注意与兴趣的必要性，并采取相应的行动。

首先，你需要把握住客户注意力的转移。注意力和兴趣都具有转移性。在接近阶段，访谈人员以一定内容和形式的信息吸引客户的注意力和兴趣。但如果在面谈过程中，访谈人员仍然以同样的传递形式向客户传送同样内容的信息，那么，渐渐也就会失去客户的注意和兴趣，就会使面谈陷入困难的境地。因此，保持客户的注意和兴趣，应做两个方面的工作：其一是向客户传递新的信息；其二是更换信息传递形式。向客户传递新的信息，通常并不是一件困难的工作。因为在接近过程中，访谈人员用来引起客户注意和兴趣的信息，只是准备向客户传递的全部信息中很小的一部分，其他大量的信息都留待面谈阶段使用。一个访谈人员所准备的业务要点可能有几个、十几个、甚至更多，大部分业务要点要在面谈阶段向客户说明。所以，只要访谈人员了解所经销的产品，并在面谈前做了充分的准备，就一定能够把信息源源不断地输送给客户，以新信息保持客户的注意和兴趣。

充分利用示范——有效保持客户注意力的主要手段。为了吸引客户的注意力、加强说服工作的力度，面谈阶段需要更换信息的传递形式，简单地说，就是要求访谈人员除了继续使用语言传递形式外，还要根据面谈的需要，配合使用文字、图像、实物等手段传递信息。习惯上人们将用语言向客户传递信息称为示范。无论经销哪种产品，都要做示范。客户可能已经了解你的产品，或者对你的示范不大感兴趣，即使如此，访谈人员也要作示范。而且示范得越早，客户的精力越集中，示范的效果就会更好。产品越复杂、越精密，就越有必要通过示范把你的介绍具体化。掌握了产品的资料、数据，就可以利用单页、图片、纸、笔、PPT投影等把产品介绍给客户。要尽可能生动、形象地介绍产品。

如何做示范？面谈相比较于电话访谈而言，最大的优势在于可以在操作中示范。仅仅向客户介绍产品的外部形态是不够的。在条件允许的情况下，访谈人员应该向客户介绍怎样使用产品，边操作边讲解产品的功能和特点。有些访谈人员往往由于懒惰的原因，只让客户看看产品而不表明怎样使用产品，这是错误的。示范不仅仅是展示，而且要有重点地示范。做示范的时间不应当过长，示范的过程不要过于冗长，否则会使客户疲惫厌倦，影响示范的效果。示范的目的在于证明你在经销访问之初向客户介绍的产品的特性，借以引起客户对产品的兴趣。因此，只示范一下你想证明的东西就够了。关于这点，在介绍客户不熟悉、结构复杂的产品时尤须注意。

引导客户得出正确结论——保持并加深客户注意力的方法。在商品示范中，有两项十分重要却又很容易被忽视的内容，那就是检验示范的效果，引导客户从你的示范中得出正确的结论。两者的关系十分密切。在示范结束之后，通常可以采用提问的方式来检验示范的结果。这时可以直接了当地提出问题。例如，可以问客户："你现在是否相信这种产品确实像我说的那样？"客户的回答可能有下列几种：

"不，你的示范说明不了什么。"这种回答表明示范完全失败了。客户可能很难接受你所演示的内容，这时访谈人员要总结经验，待时机成熟再从头开始。事实上，在这种情况下也不太可能迅速引导客户得出正确的结论。若客户表示："看起来不错，可是……我有点说不清楚。"这种回答表明，你的示范未能使客户完全信服，他们还心存疑虑。可能是访谈人员开始时过分强调了产品的某些优点，无形中使客户的想象值过高。在这种情况下，若要引导客户得出正确结论，应让客户亲自操作，访谈人员在一旁进行指导，确保方法、次序的正确，这样容易产生信任感。

把产品与客户的需求结合起来也是访谈人员把握和主导客户注意力的方法。特别是当访谈人员需要在访谈中完成营销任务、需要给客户介绍产品的时候。充分了解产品是客户产生购买欲望的基础。面谈最主要的任务就是运用各种方法和手段，使客户认识到访谈人员的产品能够满足其需求，能够解决其问题。因此，把产品与客户的需求及问题结合起来是使客户了解产品的最有效方法。

关于如何在面谈过程中把产品与客户的需求结合起来，访谈人员可以参考下述方法和思路。

第一种是语言结合法。即通过访谈人员的语言表达与介绍，说明产品的某个性能特点符合客户需要，从而达到结合的目的。第二种是行为结合法。有时客户需求的满足与困难的解决，不是单凭语言就可以达成的。多数情况下，访谈人员的实际行动胜过千言万语。从现代经销学的原理出发，客户对访谈人员所在企业及所介绍的产品的信任，主要来自对访谈人员的信任。如果访谈人员在与客户的接触中，以自己的行动给客户留下一个良好的、可信任的印象，客户认为找到了一个可信任的经营伙伴，那么，访谈人员把产品与客户需求进行结合，是能够引起正面反应的。如果访谈人员曾给客户留下不太好的印象，则需要访谈人员用实际行为给予纠正，有时甚至需要"矫枉过正。"物的结合则需要从所介绍的产品的物的特征上体现结合。如果所介绍的产品具备满足客户需求的优点、功能等产品实体特征，只要访谈人员加以介绍与证实，客户也会理解。

在客户访谈中，物的结合是最根本的、最主要的结合方式，也是最直接的、最及时的结合方式。生产与销售好的、符合客户需要的产品是现代访谈学的物的基础。产品整体概念的结合指的是访谈人员不仅可以从产品的核心部分，而且应该从产品的整体概念出发，把所介绍的产品与客户需要结合起来。例如，中间商客户购买的目的是赚取进销差价，而能使中间商需求得到满足的就不仅是产品的功能作用，还有名牌商品带来的社会效益，访谈人员答应的送货上门、价格折扣以及为产品销售所做的广告宣传活动等。而且，后者比前者更能使产品与客户需求结合起来。

此外还有观念结合法和信息结合法。前者主要通过访谈人员与客户首先在观念上的认同而导致经销与采购结合、产品与需求结合。双方观念的一致是建立长期供求关系的坚实基础。但是，更多的时候是经销与采购、卖者与买者价值观念不一致。这就需要访谈人员先对客户看问题的思维方法与衡量标准有所了解，然后通过洽谈，找出双方的共同点，才有可能使客户接受所经销的产品。信息结合法则要求访谈人员通过及时地传达适用的信息给客户，从而引发对经销产品大量需要的经销方法。有时，一个信息可以引发多方需求与产品的结合。关系结合法也是常用的方法。人是社会的人，所有人都在有意与无意地编织着自己的社会关系网。经销人员及客户亦不例外。资深的访谈人员甚至认为：在把所介绍的产品与客户需求结合起来的因素中，百分之七八十是关系网在起作用。因此，通过关系导致的结合成为访谈工作中一个重要的结合方式。访谈人员应重视利用关系，对客户访谈实施关系管理。

如何高效地介绍你的意图

"买卖不成话不到，话语一到卖三俏。"访谈的关键是沟通。而这种沟通是有目的的，为了更好地让你的客户理解你的行为，达到与你更好的配合。为了能达到这样的效果，你需要高效地介绍你的意图。一些访谈人员常犯的毛病是，他们的产品介绍单调、生硬、抽象，难以激起顾客的兴趣和欲望。要想让顾客对产品和服务产生兴趣，访谈人员就要讲究说话的艺术性。但是高效地介绍意图并不是说你只能以直截了当的方式来展开话题，效率的高低取决于你的方式。不同的方式能够收到不一样的效果。下面的方法是具有丰富经验的访谈专家在多次访谈经验中总结出来的，通过这样的方式帮助访谈人员高效地完成访谈。

运用讲故事的方式。平时要多留心收集各种故事，以便能在适当的时机运用在交易当中。多一则故事就等于在山穷水尽时多了一条路，就等于替顾客另外开了一扇窗，让他们汲取别人的经验，它既能娱乐客户、鼓舞客户、吸引客户的注意力，又能再一次为你提供成交的机会。任何商品都有它独特而有趣的话题，例如，它是怎样发明的、发明的过程、怎样生产出来的、产品带给顾客的好处等。以故事作为访谈的突破口，往往会无往不利。用这种方法，你就能迎合客户、吸引客户的注意，使客户产生信心和兴趣，进而轻易地达到你想要说明的目的，高效地向客户介绍了你的意图。

一位访谈人员在听到客户询问"你们产品质量怎样"时，他没有直接回答顾客，而是给顾客讲了一个故事："前年，我厂接到客户一封投诉信，反映产品有质量问题。厂长下令全厂员工一起去千里之外的客户单位。当全厂工人来到产品使用现场，看到由于产品质量不合格而给客户造成的惨重损失时，感到无比地羞愧和痛心。回到厂里大家纷纷表示，今后绝不让一件不合格的产品进入市场，并决定把接到客户投诉的那一天作为厂耻日。"访谈人员没有直接去说明产品质量如何,但这个故事让顾客相信了他们产品的质量。

引用例证,说明问题。举例说明问题,可以使观点深入浅出,更易被顾客接受。人们在研究中发现,用10倍的事实来证实一个道理要比用10倍的道理去论述一件事情更有效。试比较以下两种说法,看哪种效果好。

甲:"使用这种机器,可以大大地提高生产效率、减轻劳动强度。它受到用户的广泛好评,订货量与日俱增。"

乙:"××钢铁厂使用了这种机器,生产效率比过去提高了40%,工人们反映操作方便,效率高。现在,该厂又追加订货10台。"访谈人员要努力创造访谈气氛,刺激顾客的需求欲望,从而激发顾客的购买欲望。甲例中,访谈人员的讲解是由一连串简单的肯定句子所组成,缺乏事实根据,难以让人信服。乙例中,访谈人员引用了一个实例和数据,有根有据,让人不可不信。访谈人员引用例证,要注意例证的分量,越是切题的例子,就越具有说服力。在引用例证时,访谈人员应注意:第一,讲真话,不可编造例子,要从事实中去搜集;第二,要具体,不用笼统的概括,多用具体的实例,力求明确;第三,求生动,讲述情节,引人入胜;第四,切主题,所引例证是为商品服务的,切忌风马牛不相及。

富兰克林说服法——该方法的核心内容是,访谈人员把顾客购买产品所能得到的好处和不购买产品的不利之处一条一条地列出,用事实增强说服力。一位文具访谈人员说:"本公司出品的各类账本比其他公司生产的同类产品便宜三成,量大还可以优惠。""去年,高速公路上发生的多起汽车事故,有35%的肇事原因是爆胎。"一位轮胎商行的访谈人员这样对顾客说。

形象描绘产品利益。产品带给顾客的利益是吸引客户注意力的关键。产品带给顾客的利益在顾客没有使用之前都是抽象的、概念性的。访谈人员没有把产品利益变成具体的、实在的、顾客可明确感受到的东西,就不会变成吸引顾客的因素。访谈人员既要用事实、逻辑的力量折服顾客的理智,也要用鲜明、生动、形象的语言来打动顾客的心。一位访谈大王说:"访谈人员要打动顾客的心而不是顾客的脑袋,因为,心离顾客装钱包的口袋最近了。"脑袋就是理性,心就是感性。也就是说访谈人员要努力创造访谈气氛来打动顾客的感性,从而激发顾客的购买欲望。就像一句访谈名言所说:"如果你想勾起对方吃牛排的欲望,将牛排放到他的面前固然有效,但最令人无法抗拒的是煎牛排的嗞嗞声,他会想到牛排正躺在铁板上,嗞嗞作响,香味四溢,不由得咽下口水。"嗞的响声使人们产生了联想,刺激了需求欲望。

如何迅速把握客户的关注点

其实,有时你与对手的差别仅仅只有一步——做服务为何不多走一步?少走了这一步,让你与客户的关注点和兴趣点失之交臂,多走这一步,客户的需求在你面前一下子变得明朗起来。这就是一步的差别。有的访谈人员往往抱怨自己无法把握住客户的关注点,因此不知道该从哪里入手去接近客户,为客户提供服务,从而也让自己的访谈变得特别被动,而你可能正是忽略了这一点,因为你少走了一步,客户与你失之交臂。因此,对于访谈人员,我们提出"为客户服务,多走一步"的口号,因为多走这一步,你就能把握住客户的关注点。而对客户关注不够往往是制约客户访谈成功的原因。

一家企业的老总颇为自豪地说:"我们公司的客户服务体系在国内同行业中是首屈一指的,现在许多同行企业的客户服务体系都是模仿我们的体系建立的!"而他身边的访谈大师听后问了他一个问题:"请问咱们的呼叫中心一般是怎么运营的,它主要承担哪些具体工作?"这时,坐在老总旁边的一位该公司的客户服务经理回答说:"他们一般是接听顾客投诉、反馈、建议的电话,为顾客进入集团服务系统进行引导以及售后服务结束后的电话回访等。""还有吗?"经理诧异地说:"就是这些。""售后服务后他们怎么回访,什么时间回访?"我问。"售后服务结束一周内,主要询问设备运转情况怎么样"很明显,从为客户提供高满意度的角度来看,这还是不够的!呼叫中心不能只是一个单向的传输带，也不仅仅是一个机械回馈的录音电话。它应该是一个生动的、感性化的企业与顾客衔接的感情纽带。它不仅仅是为顾客提供了售后服务后进行例行回访，还应该在节日和客户的结婚纪念日、生日，甚至老人、子女的喜庆日子送去祝福。当然这需要企业具有一个比较完善的客户数据库来支持了。此时的客户会感觉你不是在为一次例行服务进行回访，而是在真诚地祝福和关心他们。此时，他们的感觉会一样吗？肯定不一样！做到了这一点，你就在服务上又迈进了一步。

一家酒店的老总对我说："不是我们没有多走一步，而是我们做了好像也没多大效果嘛！"我们设置了客户反馈机制，做到了给每个提出投诉和建议的顾客都有书面回馈。这就比我们以前或者是其他酒店多走了一步吧，但是好像没有多大效果，老顾客数量也没有增加多少啊？说着拿出一封信来递给我，我接过来一看，是一封打印出来的信，上写：尊敬的先生（女士）：对给你造成的不便，我们深感抱歉，你的建议我们已经交给有关责任部门研究改善。

这就是你的多走一步啊。开玩笑，这能行吗？肯定不行！

其实，在客户服务上多走一步就是在顾客基本满意的前提下，满足顾客潜在的期望值。譬如，当你购买了一家企业的冰箱，而且在购买时企业给你的服务也是不错的，也就是说你基本上还是满意的。

但是就在一个月后，你突然接到一个电话："请问您是某先生吗？您在我们公司买的冰箱用得还满意吗？您还有什么意见和建议吗？如果有，请您现在告诉我们，我们会立即研究改进，希望我们的产品能给你的生活带来愉快，衷心祝愿您万事如意！"

请问此时你会有什么感受？首先你一定感觉很意外，然后你一定会感觉到非常满意——这家企业不错啊！

我想，你一定也会暗下决心——今后我一定会再买他们的产品，而且我还要告诉我的亲朋好友，让他们也买这家公司的产品。

为什么会有这么好的效果呢？

因为，他们给你的服务超出了你的期望值，为你多走了一步。留意你的对手了吗？在提供同类产品时，他们的服务是怎样做的？那么你就在他为顾客提供的服务的基础上再多走一步吧！你的对手在售后服务结束后没有回访，那么你就开始回访吧！这样你就比你的对手多走了一步！

你的对手总是在售后服务后的三天内进行回访，过后没有再次回访；那么，你为何不在例行回访的基础上，在其后的一月内再回访一次呢？

想过没有？当你的顾客突然接到你充满热情的回访电话时是什么感受？这样你就比你的对手多走了一步！

当你的对手酒店还是保持原先那种寝具模式，一套被褥、两只枕头时，你想过根据客人的不同喜好和习惯，为客人提供几种不同的枕头吗？因为有的客人喜欢高枕无忧地睡觉，但是酒店那些软枕几个叠在一起也不能满足他的需求；有的客人有颈椎病，平时在家里都是枕着特制的颈椎枕，但是在酒店却不能安心睡觉；有的客人不喜欢睡软枕头，喜欢睡荞麦、稻壳灌装的枕头；很多客人带着幼儿住宿，但是酒店却没有专门的儿童枕头，儿童睡不好，大人能睡好吗？那么，你是否想过为顾客解决这些问题呢？

如果你做到你的对手前面，你就比你的对手多走了一步！

其实，在顾客的心目中，对企业的产品和服务往往只是基本满意的。在他们的心目中一定还有一点隐藏的不满，只不过他们觉得差不多就行了。因此，只要你仔细地关注他们这些隐藏的不满，然后你就有针对性地"多走一步"，你就会立马比你的对手多有所得。

第三节

成功面谈常用的技巧

倾听的技巧

客户倾诉时懂得中间点点头，恰当地拍拍手，恰似炒菜时略放点酱油，肯定会令食物更为可口。如果您要成为客户访谈行业杰出的人，一定要在倾听方面下功夫。客户不开口，您的生意肯定做不成。如果没有听懂某人所说的话，可能是因为您心猿意马，错过了某一个要点。如果不专心致志、积极主动地聆听，您还会得到错误的信息。全神贯注于说话者所说的话，并明确地发出信号，表明自己关心说话的内容，能确保双向的交流沟通发生。

听人谈话时，您必须尽可能多地与对方进行沟通，好像是自己在说话。您应该专心致志地聆听，但是，如果您没有一清二楚地表明这一点，说话者是不可能知道的。

如果您毫无反应，什么应答也没有产生，说话者无法肯定您是否已听懂。表明自己对内容感兴趣是一种反馈，能鼓励说话者继续往下说。下面是一些简单而又行之有效的方法表明自己在聆听。

用信号表明您有兴趣。可以用下列方式表明您对说话内容感兴趣：与客户保持视线接触：聆听时，必须看着对方的眼睛。人们判断您是否在聆听和吸收说话的内容，是根据您是否看着对方来做出的。让人把话说完：让人把话说完整并且不插话，这表明您很看重沟通的内容。人们总是把打断别人说话解释为对自己思想的尊重，但这却是对对方的不尊重。对客户的话语表示赞同：点头或者微笑就可以表示赞同正在说的内容，表明您与说话人意见相合。人们需要有这种感觉，即您在专心地听着。强迫你达到全神贯注的方法：把可以用来信手涂鸦或随手把玩等使人分心的东西（如手机、铅笔、钥匙串等）放在一边，您就可以免于分心了。人们总是把乱写乱画、胡乱摆弄纸张或看手表解释为心不在焉——即使您很认真也是如此。此外，放松自己，采用放松的身体姿态（如把头稍偏向一边，或把身体重心偏向一边），就会得到这样的印象：他们的话得到您完全的关注了。所有这些信号能使与您沟通的人判断您是否正在专心听取他们说的内容。

检查您的理解力。检查自己是否听得真切，并且已正确地理解了信息（尤其是在打电话时），可以按如下做：解述信息，把听到的内容用自己的话复述一遍，就可以肯定是否已准确无误地接收了信息；提出问题，通过询问，可以检查自己对信息的理解，也能使说话者知道您在积极主动地聆听。上述双向活动不仅确使您能获得正确的信息，而且还能使说话者把精力集中于真正想要沟通的内容。

倾听的原则要求访谈人员站在客户的立场，仔细地倾听：每个人都有他的立场及价值观，因此，您必须站在对方的立场，仔细地倾听他所说的每一句话，不要用自己的价值观去指责或评断对方的想法，要与对方保持共同理解的态度。要能确认自己所理解的是否就是对方所讲的，您必须重点式的复诵对方所讲过的内容，以确认自己所理解的意思和对方一致，如"您刚才所讲的意思是不是指……""我不知道我听得对不对，您的意思是……"。要能表现诚恳、专注的态度倾听对方的话语，做到双眼真诚地凝视对方的眼睛，眼睛是心灵的窗户，在客户说话时，您若左顾右盼，不停地看看表，翻翻手头的资料什么的，您这笔生意估计也要泡汤了。

客户访谈人员倾听客户谈话时，最常出现的弱点是他只摆出倾听客户谈话的样子，内心迫不及待地等待机会，想要讲他自己的话，完全将"倾听"这个重要的武器舍弃不用。您听不出客户的意图、听不出客户的期望，您的客户访谈有如失去方向的箭。

乔·吉拉德向一位客户访谈汽车，交易过程十分顺利。当客户正要掏钱付款时，另一位客户访谈人员跟吉拉德谈起昨天的篮球赛，吉拉德一边跟同伴津津有味地说笑，一边伸手去接车款，不料客户却突然掉头而走，连车也不买了。吉拉德苦思冥想了一天，不明白客户为什么对已经挑选好的汽车突然放弃了。夜里11点，他终于忍不住给客户打了一个电话，询问客户突然改变主意的理由。客户不高兴地在电话中告诉他："今天下午付款时，我同您谈到了我们的小儿子，他刚考上密西根大学，是我们家的骄傲，可是您一点也没有听见，只顾跟您的同伴谈篮球赛。"吉拉德明白了，这次生意失败的根本原因是因为自己没有认真倾听客户谈论自己最得意的儿子。

倾听，是客户访谈的好方法之一。日本客户访谈大王原一平说："对客户访谈而言，善听比善辩更重要。"客户访谈人员通过倾听能够获得客户更多的认同。倾听当中，要学会善用微笑的技巧。微笑很奇妙，它既不能买又不能求，既不能借又不能偷。它的奇妙在于它所产生的魔力般的效应：通过给客户留下宽厚、谦和、含蓄、亲近的印象，表现出对客户的理解、关心和爱护。因此访谈人员要想赢得客户就必须面带微笑，并学会以最佳的方式微笑。

如何恰当地使用形体语言

形体语言是借助人的身体的某些部位的某种态势来表达一定意思的无声语言。形体语言比言辞更能清楚地表达内心的意向，因为它所传递的信息往往比语言所传递的信息更为真实。访谈人员如果感觉足够敏锐，眼睛够锐利，能捕捉身体语言表达的信息，与客户言谈和交往就容易得多了。善于运用形体语言，等于开了一条直接沟通、畅通无阻的通道。

形体语言表达技巧中也有一个练习，属于形体语言表达的一个测试。比如，走路的时候，是否总是昂首挺胸；手臂摆动是不是很自然，是否矫揉造作；面部肌肉是否很放松并且能够得到很好的控制；是否认为保持自然微笑很容易，每天面对客户能不能保持一种自然微笑；移动身体是不是感觉到腰很别扭；和别人谈话的时候，目光保持对视是不是感觉不自在，等等。这些都是对形体语言的评估。比方说，平常走路的时候，有人姿势不太好，不是昂首挺胸。特别是在一些卖场中做客户服务工作的人，你的站姿、走路都很重要，举手投足都能够体现员工的素质和专业化水平。

笑不露齿所表达出来的是一种什么样的感觉呢？为什么要笑不露齿？所谓笑不露齿，指的是应该很含蓄，体现出有素质、有修养、有内涵。但做服务工作的微笑要表达一种热情，微笑是要露齿的。那么"露齿"怎么衡量？拿什么来衡量你笑得很标准，或笑得差一点，笑得根本就不行？这个衡量的尺度是什么？其实最重要的是人心理上的感觉。不同的人可能会有不同的感受。每个人都有不同的审美观，那么标准是什么？当然应该是自然。实际上，职业微笑的衡量标准是在你笑的时候，露出牙齿的颗数要有八颗。露出上边的虎牙，下边也要露。职业的服务微笑，叫做"八颗牙齿"微笑。这种微笑已经变得很职业化。因为它不需要发自内心，甚至说得简单一点，他只需要对着镜子把自己的牙数出来，凝固住表情不动就达到了职业微笑的表情。日本有几家专门训练微笑的学校，这几个学校是通过咬筷子来进行训练的。上课始终咬着一只筷子进行练习，让脸部肌肉适应这个角度。露出哪八颗牙呢？是上排的八颗。这有科学的道理。人在笑时，可以笑得很大，但如果只让你露出一排牙齿，不露出下排，只露出上排，最多只能露出八颗牙齿。你回去可以对着镜子试一试。当你试图露出上排10颗牙齿时，必然会露出下排的牙齿。客户服务中所规范的微笑叫作八颗牙齿的微笑，这是一种职业微笑。这样，就变得非常好评估、衡量了，也变得非常简单了。

客户访谈中应避免的不良形体语言：

1. 双手抱在胸前——进行客户服务的时候，双手抱在胸前，表示不尊重、不耐烦、封闭、怀疑，这是一定要避免的。

2. 说话时手指放在嘴上——说话时手放在嘴边，或者有一些托腮的举动,表示缺乏解决问题的信心。

3. 背靠或斜靠在物体上——背靠或斜靠在物体上,如背靠墙或背靠门,就表示不感兴趣。

4. 避开对方延伸的接触——避开对方目光的延伸是指对方眼睛看着你,而你有意识地回避对方的目光,表示否定,或者表示你没有在听对方讲话,或表示你不希望和对方进行交流。

有时间不妨总结分析一下形体语言所传递给客户的信息究竟是什么。其中包括积极的信息和消极的信息。积极的信息是什么呢?比如,放松而又机智的表情,表明是有准备的,知道自己在做什么,对你自己扮演的这个角色感觉到很愉快。消极的信息是什么?是一种焦虑紧张的面部表情,而焦虑紧张的面部表情传递给客户的信息是准备得不好、缺乏经验,对你所做的工作或者你的角色不愉快、不高兴。微笑很自然、很舒适,传递的信息是表明对自己有把握,喜欢自己正在做的事情,并且也很喜欢你的客户。没有微笑或者勉强微笑,没有职业微笑,传递的信息是你正在做的事情并不是你想做的,你也并不喜欢你的客户。眼睛保持对视,眼睛看着对方,与客户交谈时保持目光的交流,这表明客户很重要,你很尊重、重视他的观点,对他很感兴趣。和别人谈话或听别人讲话的时候,总是有意回避对方的目光,表明对客户缺乏兴趣,或者缺乏做这项工作的自信。如果投诉的客户很生气、很愤怒,往往你就会有意回避他的目光。因为你觉得他的目光让你害怕,所以你有意识地回避。身体移动时很放松、从容、很有节制,表明你能够控制自己,控制力比较强。在特殊情况下,客户服务人员走动很匆忙,身体移动很别扭,表示你不能控制局面。这些就是客户服务人员形体语言所传递的一些积极的信息和一些消极的信息。

致　谢

　　本书是笔者在多年的探索和总结的基础上重新整理和更新的。本书关注的是一个实践性的命题，因此在编写风格上本书特别注重实用性和可操作性，密切针对第一线的市场人员。本书权且是抛砖引玉，相信广大读者在阅读以后一定会结合自己的实践进一步思考和总结，对相关问题一定会有更深的体会和更高明的认识。在本书编撰过程中，许多朋友给予了大量的帮助和支持，尤其是刘奎东、蔡声鹤、胡从洲、董云雄、周小华、寇鲜红、杨昌军、王礼应等同志给予直接支持，因此本书也可以说是集体智慧的结晶。在此向大家致以深深的谢意！

编　者

2017 年秋